股市大崩壞 照樣穩穩賺

用對策略、選對標的、逢低買進，
迎接財富再分配

CFP、CSIA 吳家揚──著

目錄 contents

前言　股票的底層邏輯　　　　　　　　　　　　　04

第1章　股票遊戲
── 進入前先了解規則　　　　　　　　　　12

- 1-1 ▷ 股票是什麼？為何人人都說股票好？　　14
- 1-2 ▷ 新手任務：如何使用手機購買股票？　　21
- 1-3 ▷ 下單和交割　　　　　　　　　　　　　28
- 1-4 ▷ 台股 10 類股票和投資風險　　　　　　36
- 1-5 ▷ 現股交易成本　　　　　　　　　　　　44
- 1-6 ▷ 投資門檻和每月最小投入金額　　　　　56
- 1-7 ▷ 危機入市　　　　　　　　　　　　　　62

第2章　股票怎麼玩？
── 股票下單的種類和功能簡介　　　　　68

- 2-1 ▷ 了解信用交易，掌握槓桿工具　　　　　70
- 2-2 ▷ 什麼是融資、融券和標借　　　　　　　79
- 2-3 ▷ 借券：活化股票　　　　　　　　　　　89
- 2-4 ▷ 當沖和「T+5 型借款」　　　　　　　　98
- 2-5 ▷ 股票質押和不限用途款項借貸　　　　106
- 2-6 ▷ 承銷申購、公開收購、競價拍賣和詢價圈購　110
- 2-7 ▷ 定期定額：適合小資族　　　　　　　115

第 3 章　想賺錢先分析：如何看公司產業總經　122

- 3-1 ▷ 擇時或選股　124
- 3-2 ▷ 標準差是評估投資風險的利器　130
- 3-3 ▷ 基本分析：學會看懂財務報表　136
- 3-4 ▷ 技術分析：K 線是基礎　145
- 3-5 ▷ 籌碼分析：看股票在誰手上　153
- 3-6 ▷ 消息分析：如何正確解讀股市消息？避開市場陷阱　159
- 3-7 ▷ 估價分析：如何降低持股成本　164
- 3-8 ▷ 如何看產業分析──台積電　173
- 3-9 ▷ 台股的大盤指標和領先指標　184

第 4 章　掌握選股策略，找到最適合你的投資方式　194

- 4-1 ▷ 擇股的關鍵成功因素　196
- 4-2 ▷ 成長績優股，以台積電為例　207
- 4-3 ▷ 景氣循環股，以航海王為例　218
- 4-4 ▷ 價值配息股，以日常必需品為例　228
- 4-5 ▷ 警示股、轉機股和飆股　237
- 4-6 ▷ 定期檢視 10 大投資話題　245

終章　沒有絕對的投資方式，只有適合自己的投資方法　253

結語　投資大師和投資網紅　261

股市大崩壞，照樣穩穩賺：用對策略、選對標的、逢低買進，迎接財富再分配

前言

股票的底層邏輯

最近兩年，各國新聞媒體不斷報導，台灣是個富裕之國。不知道大家有沒有感覺？2024 年台灣淨資產上億元的人，根據國銀的統計資料顯示，已經超過 1 萬人大關。如果你還不是的話，請不要氣餒。我們先達到淨資產 100 萬美元（或習慣稱 3000 萬元新台幣），這是世界銀行定義的有錢人門檻。

有錢人的資產分布，前 4 名是：股票、不動產、保險和定存。本書只討論股票，假設你是投資新手（不管有沒有資產），從開戶、交易，到股價評估等，作一些基本的介紹，讓你對股票有全方位的了解。

選股以半導體和科技股為主流

台灣之所以是富裕之國，主因是護國神山台積電。在台積電帶動著著供應鏈廠商「廠房和技術」不斷的大幅投資，也造就公司股價和薪資不斷往上調整，讓科技新貴一部分人

先富起來,然後財富外溢到讓更多人受惠,整個國家稅收增加,讓政府可以做更多福國利民的事,讓全世界羨慕不已。群聚效應也讓設廠附近的不動產價格也大幅飆漲,新城市和新商圈也逐漸形成。在台積電的帶動下,半導體、AI、高科技產業不斷的快速發展,創造驚人的財富。

如果你不想從基本的股票投資了解,不管是很忙或無心,只要開戶後持續買進台積電(或 0050 / 006208),買了就擺著(BUY & HOLD),持續一段長時間後,一樣有機會變成有錢人。台積電很強大,也擠入全世界市值前 8 大,我認為 10 年內沒對手,股價有機會在 2030 年前達到 1500 元,所以現在任何股價都是買入的好時機。

在股市中賺錢的人是少數

「80 / 20 法則」就告訴我們,全世界各國長期統計資料顯示,股市中賺錢的人(賺 1 元也是賺)只有 20%,而 80% 是賠錢的人(賠 1 元也是賠)。所以長期(10 年以上甚至 20 年以上)能在股市中賺到錢,絕對不是容易的事。股市陷阱非常多,賺錢時以為自己很厲害,實際上只是運氣好而已。不了解股市就進場的人,好運過後,賠光財產或失去生命,黯然退場也是剛剛好而已。

但既然都要買股票了,個人良心建議,最好還是要知道自己在做什麼比較好。如果不是買台積電,學會財報和股價基本評價,可以了解何時可以進出場,對股票投資也會比較有興趣。還有一些成本計算,即使不知道也沒關係,但對未

來會變成有錢人的你,越早知道會越好。

我個人從 1986 年(高二)進入股市以來,運氣好賺了一些錢,就提早在 42 歲離開爆肝的職場,過著悠閒的生活。我的好運氣是因為這幾十年來,不斷地學習專業知識,不斷地向市場大師學習,避開會讓我一次就陣亡畢業的大殺戮戰場。40 年以來股票投資有賺有賠,但我在股市中仍活得好好的。

在半導體「DRAM 慘業」待了十幾年,即使退休後還是會持續關注相關行業的發展。買賣股票要賺錢的祕訣,就是買你懂的行業或公司,不懂就不買,這就是華倫・巴菲特(Warren Edward Buffett)說的「能力範圍內」的股票。

這輩子讓我賺到錢的股票,不是半導體股就是高科技股。會賠錢的,就是惡搞自己,亂買不熟的股票,或信用交易和買賣衍生性金融商品。遊戲規則很重要,尤其是對信用交易和衍生性金融商品交易。我自以為遊戲規則很簡單,實務上卻不簡單,陷阱非常多,遇到賠錢才會知道痛。

股票或任何投資標的,表面上看到是數字跳動,但底層邏輯是「**數學、公式和行為經濟學**」,非常複雜,我們也要「看懂數字背後的意義」才行。不要以為心態上隨隨便便、看看技術分析、看看媒體報導或是到處打聽明牌,就可以從股市賺到錢,這種想法非常危險且可笑。許多人就是因為這樣,而賠光一生積蓄,且造成家人的財務負擔。

▎投資心態

2025 年清明連假期間,美國川普發動「關稅戰爭」,導

致全球股市重挫。連假後的 4 月 7 日，台股開盤就直接收盤，加權指數收盤 19,232 點（重挫 2,060 點、-9.5%）；4 月 8 日加權指數收盤 18,460 點（重挫 772 點、-4%）；4 月 9 日加權指數收盤 1,7392 點（重挫 1,068 點、-5.8%）。大家正在擔心，套牢、違約、斷頭，日子要怎麼過下去！還好，川普「暫緩」徵收高額關稅，全球股市開始反彈。「國安基金」進場，「限空令」也上線，17,392 點「很有可能」是今年的最低點。接下來台美關稅談判，股市不確定性還會持續一陣子。

行情向上時，股神特別多，賺錢數錢到手抽筋；行情向下時，哀號遍野。這就是股市好玩但也無情，賺錢賠錢都快的地方。回想 1990 年台股大崩盤時，父母賠光一輩子的積蓄，那年我才大二。2022 年台股大跌時，鄰居賤賣房子（市值 5000 多萬但只賣 3000 多萬），無奈搬走了，而他的小孩也是在讀大學。

我們都想學巴菲特，但都嘲笑他老了過氣了。數十年來，他總是會讓人先笑幾個月到 2 年，然後全世界只剩下他在大笑，其他嘲笑他的人都笑不出來了。去年巴菲特開始大賣股票囤積現金，現在有超過 3200 億美元（10 兆台幣）的現金，可以收購世界上任何一家大公司，像蘋果、微軟或輝達等等。這種神操作，只有他幹得出來，他的財富在這波關稅戰爭中不減反增，真是了不起。

再講一次，事實上已經講過很多次了，股市總是大起大落，每隔兩三年就會來一次股災，不管原因為何，這也是「財

股市大崩壞，照樣穩穩賺：用對策略、選對標的、逢低買進，迎接財富再分配

富重新分配」的好機會。台積電股價要上 1500 元之前一定會下跌，甚至跌到 750 元以下。股災來臨時，就是要有睡得好覺的能力。已經入場的投資人，有錢就持續買進，沒錢就觀望，千萬不要倉皇逃出砍在阿呆谷。股票進出的原則，就是以自身的財力和預期目標為準，和外在環境無關，外在環境只是催化劑而已，重點還是要回到選股。

4月9日國安基金進場護盤，資金 5000 億元。依據經驗，跟著國安基金操作，投資績效也不錯。還沒入場的投資新手，透過這本書，你會知道如何「趨吉避凶」選到便宜的好股票。「看出」績優股的甜蜜價位，就勇敢進場買進，就算短期套牢也不要心慌意亂，這樣才能從股市中賺到錢，甚至是賺到大錢。

終身學習

42 歲半導體退休後，因為要找事做，避免生病死亡，我去考了 15 張專業金融保險證照，包含 CFP（國際認證高級理財規畫顧問）、CSIA（證券投資分析人員，俗稱證券分析師）、保險、期貨、信託等，具銷售台灣任何金融保險商品資格。

年紀大或入行久，不代表什麼都懂，但本書應該還是會對投資新手有所啟示。這些內容是我花大錢和花時間，甚至是痛苦才學來的，本來只想傳授給我的小孩。現在你也有機會看到，我的好經驗你可以學起來，不好的下場你可以避開，都可以節省你寶貴的時間和金錢。

和錢有關係的事，背後一定是國家法條，遇到爭議事件，一定是法律解決。要習慣自己找上網 Google 找資料，閱讀專業文件，要有能力辨識資料正確性。千萬不要將 ChatGPT 內容全當真，因為它會一本正經地胡說八道，內容有時錯得離譜，會引導我們誤入歧途。

請直接到政府機關的官網，找到相關法源依據，才不會出錯，看不懂就打電話去找承辦人員問清楚。法律問題可以參考法律事務所的官網；稅務問題可以參考會計師事務所的官網。這些專業人士的文章，都是直接或間接引用法條，加上實務經驗寫成的。

券商是依法行事，各家券商的定義和說明一定會相同且正確。券商因高度競爭，只會有一些費用或做法會有微小差異。可以參考自己開戶券商的官網，官網上的資訊一定非常豐富，有任何問題，直接請教你的證券營業員，他們有義務回答你的下單交易牽涉到的所有問題。要小心許多「投資網紅」的專業能力不足，常提供錯誤訊息。

股市要賺錢，就從開戶開始

幾十年來，我在非常多的券商開過戶。近年則集中在富邦證券和 Firstrade 下單。如果營業員服務態度不佳、專業能力不夠，還是券商下單功能不夠強大，該換則換，千萬不要勉強自己。書本中如果沒有特別註記的圖表，就是自己整理的，內容以富邦證官網和個人實際經驗為主。延伸閱讀會加上相關資料，讓你參考。

股市大崩壞，照樣穩穩賺：用對策略、選對標的、逢低買進，迎接財富再分配

　　投資股票，一定要有帳戶；如果沒有，就要去開戶。本書要強調：**「只要投資上市櫃公司的股票，用現股買進的方式，就有機會賺錢了」**。如果沒有搞清楚遊戲規則，千萬不要貿然進場。如果有些內容對你很困難，就不要使用它，尤其是信用交易和未上市股票的部分。還有，多看別人成功和失敗的經驗，也可以讓我們進步。

　　書中有一小部分內容，使用自己書籍和專欄文章的內容，不會特別註明出處。我將《從 5000 元開始，以小錢搏大錢》（此書入選 2019 年國圖社科類好書推薦）這本書中，針對股票投資的一小部分，再進一步擴充成這本專書。另外，關於投資理財和保險退休等議題，也可以參考我的著作和專欄文章，祝你閱讀愉快。

絕大多數走鋼絲的表演者，最危險的是最後 3 秒鐘，因為表演者以為自己成功了，身上也毫無防備措施，意味著死亡即將降臨。傲慢和不可一世的心態，會讓人付出生命的代價，股市亦然。

進入股市，這個人吃人的市場，不管是投資新手或資深老手，都要心有警惕。尤其是資深成功老手，常因過去 99 次的成功經驗，太過自信導致最後 1 次的 all in 硬拗大失敗，進而傾家蕩產、晚節不保、違約坐牢，甚至導致自殺的不好下場。

針對新手投資人，就從 1-1 股票開始了解。基本上，如果你已經開始下單，1-2 開戶和 1-3 下單步驟，可以跳過。1-4 提到某些類型的股票，投資風險很高要注意。1-5 股票稅務，如果是剛開始進入股票的小資族或覺得太難的讀者，可以忽略。1-6 提到最低投資門檻就是不要違約交割，違約交割對個人信用傷害極大，不可不慎。1-7 談危機入市，跟著國安基金進場，就算短期內被套牢，熬過一段時間之後，通常獲利都不錯。

當你晉身為有錢的資深成功老手後，切記要做好資產配置，才能享受財富自由和樂透人生。

1-1 股票是什麼？為何人人都說股票好？
1-2 新手任務：如何使用手機購買股票？
1-3 下單和交割
1-4 台股 10 類股票和投資風險

第 1 章

股票遊戲
進入前先了解規則

1-5 現股交易成本
1-6 投資門檻和每月最小投入金額
1-7 危機入市

1-1

股票是什麼？
為何人人都說股票好？

累積財富的方式有千百種，想要長期累積財富，股票是最好的工具，一般人要翻身，不必自己辛苦冒險當老闆，投資股票便有機會發大財。如果眼光獨到，投資到「對的股票」，獲利率會大於「債券」、「房地產」和「通膨」。長期而言，可以讓自身的資產翻倍。

「股票投資」是一種常見的資產投資方式，投資人可以通過持有股票和交易股票來賺取利益。既然股票這麼好，我們就來了解股票是什麼。

股票的基本概念

資產負債表顯示：會計恆等式「資產＝負債＋股東權益。」公司成立需要錢，而錢的來源有兩種，簡單來說：「一種是股東直接拿錢出來，就是權益總額。另一種是公司向債權人借錢，就是負債總額」。

資產總額 = 負債總額 + 權益總額

股票是一種金融工具，普通股代表著公司所有權的一部分。當購買公司的股票之後，就成為了該公司的股東，擁有公司的一部分，股東會有投票權，有權利參與公司的一些決策，資產負債也全部概括承受。透過股東會，擁有股票還可以參與公司盈餘分配。

股東依權益性質分為普通股和特別股。普通股股東，享有參與公司投票決策權和獲得股利的權利，但股利發放並不固定，視公司盈餘和政策而定。優先股股東，通常沒有投票權，但通常享有固定的股利。換句話說，優先股股東優先於公司的收入和盈餘，意味著他們在普通股股東之前獲得股息。

債權人關心的是債權的安全性，所以他們需要了解企業的獲利能力、現金流量，有無其他需要到期償還的貸款等等，避免血汗錢變成「肉包子打狗，一去不回」。

當公司破產清算後，政府是最優先的債權人，先拿回公司欠政府的稅金或罰款等等；政府拿完後才輪到債權人，拿回公司向債權人借的錢；如還有剩餘，再由股東依股權來分配殘渣；而優先股股東的債權地位大於普通股股東，最後普通股股東通常所剩無幾，甚至沒有。

公司釋股過程

新創公司沒沒無聞缺錢缺人時，創辦人可能常常要跑銀行 3 點半。到創業資本快燒盡時，要盡快找到新資金，或找到有興趣的共同創辦人，一起來經營公司和燒錢。這時出資者，不外乎是 3F（家人 Family、朋友 Friends 和笨蛋

股市大崩壞，照樣穩穩賺：用對策略、選對標的、逢低買進，迎接財富再分配

Fools）。隨著公司慢慢有起色，創辦人會陸陸續續在公司不同發展階段，找到不同類型的投資者投入資金。創辦人的股票持有成本最低，隨著公司成長而營運風險越來越小，當然股權價格也會越來越高，而最後 IPO 時的股價最高。

從公司成立後，股權就產生了。公司可能會經歷幾個發展階段：

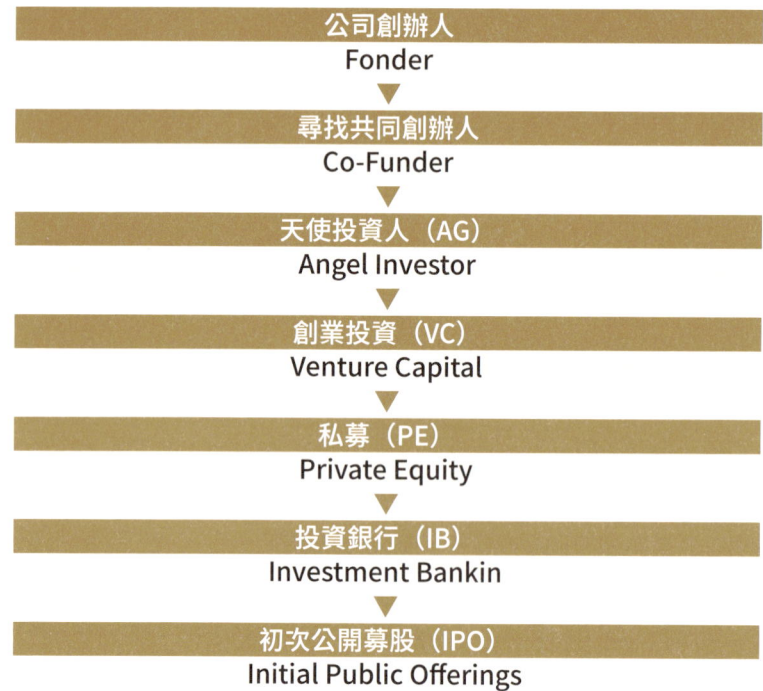

一家公司可能會有各種投資夥伴。

釋股過程為以下步驟：

1）創辦人擁有原始股權，發行 A 股數每股 a 元，100% 為公

司控股。

2）經過一段時間市場運作後，以公司 x% 股份給投資客融資 X 元，溢價發行 B 股數。

3）新股每股 b 元，將 X 元與其他公司建立幾家新工廠擴大生產。

4）發行 Y 新股給每位股東，擴大股本消化步驟 2 的溢價。雖然原始股東的股權百分比下降，但財富是增加的。

5）重複 2~4，經過幾輪募資和資本市場的運作之後，各階段投入的投資人，理論上都會獲益。

階段	稀釋股權（%）	融資 （單位為百萬元）	估值 （單位為百萬元）
1	0		
2	10	10	100
3	10	25	250
4	10	80	800
5	10	250	2500
6	10	600	6000
7	20	2500	12500

公司釋股階段說明，公司以股票換現金（融資），最後公司市值估值的變化示意圖。

每階段都有專業投資人或專業投資公司，評估後投入資金進場。如果對公司有信心，越早投入成本越低，但投資風險也最高。

「專業投資人」有機會介入的點為：AG、VC、PE 和 IB 這些階段。如果有機會撐到公司 IPO，獲利翻倍以上是基本的收益（美國無面額的公司甚至可能 100 倍以上），當然

17

公司的「**本夢比**」也要夠高才行。每階段的專業投資人，在公司找到下一輪新的投資者時，可能就賣掉股權落袋為安，而繼續尋找下一個投資目標。

投資是一門學問，主要是要投資「公司創辦人」這個人，其次才是商業模式。商業模式越簡單越好，專業投資人錢也夠多，可以忍受 100 個投資案中 95 個失敗，只要有 5 個成功，就可以海撈一筆賺大錢。但我們沒有專業和那麼多的錢，所以如果投資到一個爛案子或被詐騙，可能就血本無歸，遺憾終身了。

若要投資，就要投資有聲譽的創辦人，要投資生意簡單和有現金流當護城河的公司，公司至少要活超過 10 年，且要有盈餘且公司展望前景佳。

「一般投資人」只要用現金買賣上市櫃股票就好，雖然獲利可能會大幅下降，但風險也降低許多。只要運用財報好好選股，就有機會賺大錢了。

公司籌資管道

公司可以發行股票來籌集資金。可以分為兩類：

1）**IPO**：當公司初次向公眾公開募股，這是公司從私人企業轉變為上市櫃公司的過程。籌資目的是用於擴展業務、支付債務或其他企業營運需求。

2）**增資**：上市櫃公司可以選擇進一步發行股票，可以是配股或新股發行。配股是向現有股東發行新股；而新股發行是向市場上的新投資者發行股票。

股票買賣市場可以分為：**初級市場**和**次級市場**（Primary and Secondary Markets）。初級市場，是公司在這裡發行新股票（即 IPO）並向投資者出售，這些股票由投資銀行和承銷商處理；而次級市場，是指初級市場發行後之有價證券買賣之交易市場，通過交易平台進行交易。

股票投資的風險與報酬

股票的價值由市場供需力量決定。投資人對於公司未來表現的預期、總經和其他因素，都會影響股價變動。股價可以進行評估，例如 P/E 和 P/B 等等。

股票是一種高風險高報酬的投資工具，長期持有也是會發大財的好工具。買賣股票，可以獲得「資本利得（損）」或／和「股利收益」。但股價可能會因市場波動或和公司財報表現不佳而下跌，投資人也有極大虧損的可能性。常見的風險包括：

1）**市場風險**：股市受多種因素影響，如景氣變化、利率變化和地緣政治。

2）**公司風險**：表現不佳可能導致股價下跌，甚至破產下市，導致股價歸零。

3）**流動性風險**：某些股票流通量小，可能導致投資人無法買進或賣出。

投資策略

股票投資常見的選股策略可以大致分為以下幾種：

1）**成長績優股**，關注潛力大的公司，這種公司通常具有較高的估值，除配息外更重視資本利得。（請見 4-2）

2）**景氣循環股**，股價表現與景氣密切相關。（請見 4-3）

3）**價值配息股**，尋找被市場低估的股票並長期持有，等待股票價值回升，和領取穩定的股利。（請見 4-4）

4）**指數投資人**，購買與市場指數掛勾的基金或 ETF，實現與市場整體表現相似的報酬率，例如市值型 ETF（0050 或 006208）。

5）**短線交易人**（含當沖或隔日沖），在短期內（甚至是在幾分鐘內）進行多次買賣，想要從價格波動中獲利，但風險很高。

每個人都應該找到適合自己的投資標的，了解自己的投資屬性和風險承受能力。接著了解股票的基本概念、市場運作方式及投資風險，以上是「成功投資人」的基礎。隨著經驗累積，可以發展出更適合自己的投資策略，適應詭譎多變的市場，才能長久在股海中存活下來。

延伸閱讀

1. 2021/10/07 Mr.Market 市場先生 ⇨ 普通股 vs 特別股差在哪？一次看懂兩種股票的不同與投資差異
2. 2020/11/03 Mr.Market 市場先生 ⇨ 初級市場 vs 次級市場是什麼？要怎麼交易（股票、債券、ETF、基金）

1-2

新手任務：
如何使用手機購買股票？

　　從 2008 年金融海嘯後，投資股票變成顯學，也造就許多少年股神。尤其許多人看到 2023 年台股指數的投資報酬率大於 20% 而心裡癢癢的，才發覺「別人喝湯，我們喊燙」。在這個高通膨的時代，實質薪資成長率可能還小於通膨率，白話來說就是「變窮」了。如果不靠股票「賺錢」來扳回一城，日子將會越來越難過。

　　投資股票的風險很高，雖然 2024 年大賺，但加權指數 2025 年 4 月 7 日連續跌 3 天，跌掉 3,900 點（收盤為 17,392 點），短短 3 個交易日，哀號遍野，有些人甚至違約了。

　　如果你還沒有股票帳戶，「想從股市發大財」，請立刻去開戶。時代在進步，以前開戶必需臨櫃處理，現在也開放網路申請，**投資股票就從開戶做起**。

▌以富邦證券開戶為例

　　開證券戶之前，通常開戶人員會建議你先去開好**交割銀**

行帳戶，方便他們作業，因為填寫資料時需要提供交割銀行帳戶。

成年人（滿 18 歲）：證券開戶一定要到證券公司，有兩種方式辦理：

1）臨櫃辦理。需攜帶雙證件（身分證是必要的）和印章（或簽名），開戶契約書包含「買賣證券、當沖、複委託、買賣基金、定期定額、集保」等功能，還要簽風險預告書。如果滿 20 歲了，還可以順便開立「期權帳戶和信用交易」。開戶驗證都要用自己的手機。當中所謂的**複委託**，就是透過國內的券商，下單海外股票的功用。

2）上網申請。依規定填寫相關資料和上傳相關文件，線上開戶很方便，可以節省許多寶貴的時間。

未成年（未滿 18 歲）：父母可以臨櫃幫忙開證券戶。7 歲以下未成年人可以不用到現場；但 7 歲以上未滿 18 歲的未成年人，一定要到現場。未滿 14 歲或還沒有身分證的未成年人，需要提供最近 3 個月的戶口名簿或戶籍謄本；滿 14 歲有身分證者要帶身分證。且父母一定到現場辦理，如果父或母其中一人不能到現場，不能到場的人要填寫授權書，授權書一定要到官網下載，不能自己隨意寫，授權書簽名後委託另一個到場的人才能辦理。目前沒開放未成年人線上開戶。開戶驗證沒有手機的未成年人，可以用父母的代替。

第 1 章　股票遊戲：進入前先了解規則

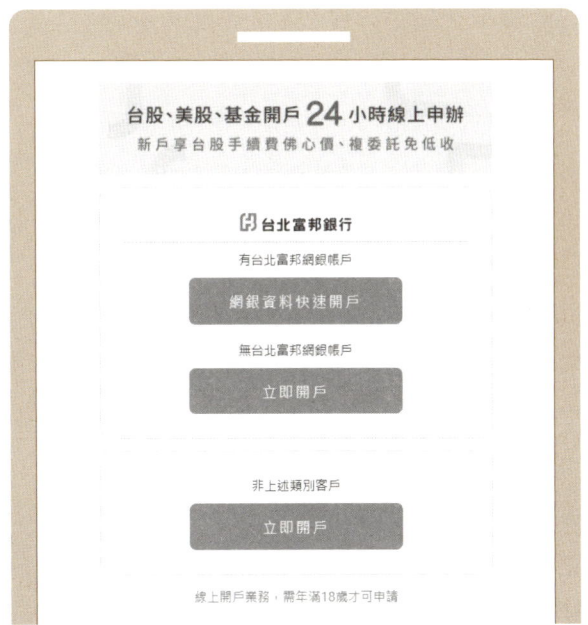

下載 APP 後即可進行線上開戶（參考資料：富邦證券 APP）

▋綁定銀行交割帳戶

　　證券戶會綁定一個**銀行帳戶**，也就是**交割帳戶**。如果只是買賣基金，到任何一家銀行或投信公司開戶都可以。但如果是券商交割帳戶，一定是券商指定的合作特約對象才可以。

　　如果沒有券商可接受的銀行，必須開一個新的銀行交割帳戶。除了未成年人、受監護宣告者，可請法定代理人、監護人代為辦理銀行開戶業務。

　　銀行交割帳戶「臨櫃開戶」的遊戲規則和證券開戶的規定一樣。但網路開戶銀行開戶每家規定不一，有些可以線上

23

股市大崩壞，照樣穩穩賺：用對策略、選對標的、逢低買進，迎接財富再分配

開戶但有限制。有的銀行規定，7歲以下一定要臨櫃辦理；7歲以上，才可以開網路數位帳戶。數位帳戶和實體帳戶的差別，在於數位帳戶沒有約定功能、轉帳金額少很多、沒有存摺、限制也必較多，行員都會建議交割帳戶直接開實體帳戶會比數位帳戶好。通常證券和銀行都會在一起，所以直接臨櫃辦理實體帳戶，一勞永逸。

如果交割銀行不是同一家銀行，就要開啟「證券－資金管理帳戶（分戶帳）」的功能。

開戶之後

證券和銀行審查資料都需要一些時間，審核通過會簡訊通知。**記得千萬不要將帳戶密碼和個人資料和印鑑存摺，留給證券營業員或銀行理專，避免交易和道德風險**。自己如有相關行為發生而造成損失時，自己也要承擔責任。線上交易者，使用前需要下載交易憑證。固定一段時間後，都需要做風險屬性評估。

年滿18歲之後開證券戶後可能會遇到的必需先簽署文件後才成交易的，例如「興櫃股票買賣」大多數文件會立刻生效。有些文件需要審核一些時間，例如「不限用途開戶借款戶」，功能是用「現股質押」來借錢。有些文件，例如「台灣創新板上市有價證券風險預告書」，需要財力證明。

年滿20歲才能開辦「授信」相關業務，會依財力證明和交易狀況來審核額度，例如「信用交易」、「T+5型借款」和「有價證券借貸交易」等，一起綜合審理。年滿20歲才能

開立「期權帳戶」。「信用交易」和「期權帳戶」，可以線上申請或臨櫃辦理；但是「T+5型借款」和「有價證券借貸交易」一定要本人臨櫃辦理，需要財力證明。

證券開戶可以下單交易後，如果發現還有額外的需求，例如基金申購，就可以在網路上申請加開「財管信託戶」，填寫資料將身分證件上傳後，就立刻開戶成功，很方便。

> 小提醒
>
> ● 因為各家券商和銀行，臨櫃開戶規定可能略有不同，所以開戶前先打電話詢問清楚，避免資料不齊而白跑一趟。臨櫃常常人很多，對於需要上班的人，更是一種折磨。
> ● 我個人習慣是可以在網路上完成的事，就不要臨櫃辦理。線上開戶比較簡單，但一有問題，系統就會卡住。如果遇到任何問題，就打客服電話處理。

已開戶的未成年人，成年後一定要做的事

未成年人已經開戶，但年滿18歲時，帳戶會被凍結。這時需要本人「換約」，填一些相關資料，帳戶才能再使用。換約這個動作，一定要臨櫃辦理，不能網路申辦。

成年後如果還需要父母或親戚朋友幫忙買賣，這個動作叫做「代理授權下單」。代理授權下單的人，一定要本人帶雙證件和印章臨櫃辦理。現場來一個授權一個，沒來就無法授權。授權程序完成後，被授權人才能代為處理股票買賣。

如何選擇券商？

品牌：最好找金控集團旗下的券商，不易倒閉且資源多。

下單平台：現在主流是網路下單，網路要夠穩定不能當機，避免錯失下單時機交易。還要能提供即時行情和技術分析等，也會影響下單體驗。

手續費：交易金額的 0.1425%，是券商主要的獲利來源之一。買進和賣出都要收取，且金額不足 20 元時以 20 元計算。每家券商對不同客戶會有不同的折扣，VIP 客戶或電子下單或新開戶，可享受較多折扣。

服務品質：好的客服能快速解決問題，好的營業員能提供研究報告和投資建議等。

營業據點：要找據點多的，若未來有些事一定要臨櫃，才會方便。目前營運點比較多的是元大證券、凱基證券、富邦證券、群益證券、國泰證券等等，且券源也相對多。

特殊功能：目前台灣券商的交易系統，絕大多是由「三竹資訊股份有限公司」提供服務。可能 90% 以上的基本設定都相同，介面和功能的差異性不大。但券商為了吸引客戶來開戶和下單，會多提供一些「獨門絕活」來強調差異化，例如富邦證券 Online APP 的當沖利器「閃電下單」。與眾不同的特殊功能，需要當事人去體驗是不是真的這麼好。

常見的證券銀行有哪些

金控集團下的銀行，通常是大到不能倒的銀行，而金控

集團下的證券，通常會綁定自家的銀行來當交割帳戶。金管會 2024 年 11 月 7 日公布 2024 年度系統性重要銀行（D-SIBs，俗稱「大到不能倒」銀行）名單，**中信銀行、台北富邦銀行、國泰世華銀行、合作金庫、兆豐銀行及第一銀行**共 6 家入列。

金控很久以前可以自由利用客戶的資料，用來整合行銷各式各項的金融商品。因為銀行理專看得到你的帳戶，也知道那些錢已經躺在銀行多久了，就會來鼓勵你交易，包含基金和保險等等。

但十幾年前，個資法修正上路後，金控做整合行銷時，必須先過你的簽署同意書後才能做。現在的券商營業員，除非交割帳戶內餘額不夠，被券商被銀行告知後，營業員才會來通知你。

▍視個人需求選擇

因為現在證券商實體據點越來越少，而台灣的證券和銀行太多且過度削價競爭，差異化程度越來越小，所以選擇哪家券商或銀行差異也不大。

如果你的下單量不大，找離家近的券商和銀行，只要口碑不要太差，就是一種好的選擇。

如果你的下單量夠大，手續費的折扣變得很重要，上網就可以比較各家券商的手續費。如果你是 VIP 或 VVIP，手續費折扣是可以談的。手續費越低，相對的投資報酬率就會變高，日積月累也是一大筆錢。

1-3 下單和交割

　　證券帳戶，是股票交易和存放的帳戶，可以下載臺灣集中保管結算所推出的「集保e存摺」APP，提供投資人跨資產、跨帳戶的多元資產管理整合服務。銀行交割帳戶，就是買賣股票後，用來扣款和存入現金的銀行帳戶。**銀行帳戶內，在交割日前要先存入足夠的金額，買股票後才不會造成違約。**

　　交易場所和方式：

　　1）**上市股票**：在證券交易所交易，交易方式為電腦自動撮合成交，撮合原則為開收盤採集合競價、盤中採逐筆交易。

　　2）**上櫃股票**：在證券櫃檯買賣中心進行交易，方式為電腦自動撮合成交，開收盤採集合競價、盤中採逐筆交易。

　　3）**興櫃股票**：交易比較複雜，報價由推薦的證券商主導交易。興櫃股票成交的對方一定是各該興櫃股票的推薦證券商，投資人之間無法相互成交。

　　現在這三類股票，都可以在券商交易系統直接下單。而創櫃和未上市，需要透過另外的交易管道。

如何下單交易

開完證券帳戶和交割帳戶，接下來就準備下單交易了。

當然在下單前，必須先知道股市特性，畢竟這是「多數人會賠錢的市場」。準備好了，要如何下單交易，買賣股票呢？這時可以透過網路或電話來下單。

傳統的作法是電話下單，退休老年人多屬這類族群。現在通常是網路交易，而且網路下單還可以省手續費。手續費優惠的幅度依證券公司而異，有些會有促銷活動，提供更低或是免手續費的優惠。

並非電話下單不好，而是我們要與時俱進，跟上時代的腳步，學習新的下單工具。習慣用電話下單的人，根據我的觀察，多半是退休族群，閒來沒事就是看電視和報紙和打聽名牌來做股票，守在電視前面看分析師怎麼說，然後就打電話下單。通常這類人就是股市韭菜，早晚會賠大錢。不是說打電話交易者一定會賠錢，而使用 APP 或程式交易者一定會賺錢。現在社會，許多人擁有強大的工具，卻還是有可能會賠大錢。

身為新世代的投資人，利用網路等更多的資訊來判讀，甚至引進程式交易來增加勝率。就像古代打獵使用弓箭、槍矛，現代打獵會使用獵槍、無人機等現代工具，增加成功的機率，投資也是，善用新的工具也是增加投資成功的方法之一。

APP 交易功能

手機上的各家券商的 APP 交易功能非常多，有些功能不

一定要使用。例如美股,我使用 Firstrade 下單。APP 功能中,證券和期權的功能我常用。近十年多年來,因為台灣政府有強烈企圖心要做大「財富管理」這塊大餅,所以證券也多了許多新功能,例如「**借券**」等功能。

我的券商 APP(富邦)提供的證券交易,分為 5 大類:**證券下單、零股下單、承銷申購、借券專區(出借╱借入)和新定期定額買台股**。

網路下單時,**零股下單**(單位是股)和**證券下單**(單位是張,1000 股)的介面位置不同,千萬不要搞錯。

承銷申購就是股票抽籤,中籤率很低,但如果可以抽中,通常會賺錢甚至賺大錢。

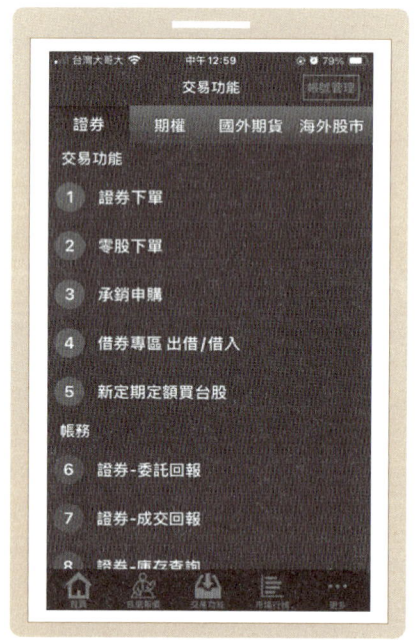

了解並善用證券 APP 的交易功能,是能增加投資成功的機率

定期定額買台股，事實上也可以買 ETF（包含股票型／債券型／台灣／海外）、ETF 組合，和少數台股個股。

期權交易，最重要的就是要注意**留倉部位**和**權益數**。

▎網路下單

因為網路下單，尤其是幫子女或授權人下單，通常很容易查到同一個 IP。這時就要給券商一個說明，例如「代理授權下單」。

確保交易安全，若密碼連續錯誤 3 次帳號將自動鎖定，這時需要本人攜帶身分證及開戶原留印鑑至原開戶公司或上網申請補發密碼。

要好好了解下單工具的功能，如果不會就請教營業員或客服，官網上也會有教學。手機版 APP 的交易功能和介面，相對於電腦版，算是陽春。電腦版的功能更強大，能提供更多的資訊。

證券公司都有自己的手機版 APP，提供**即時行情、買賣股票、查看投資組合**等功能。使用 APP 交易非常方便，隨時隨地都可以進行，對上班族是一個福音，特別是在股價大幅波動時，很多人都躲在廁所下單。

要注意：**上市股票**（台積電 2330）和**上櫃股票**（穩懋 3105）下單畫面相同，但與**興櫃股票**（金色三麥 7757）下單畫面不同，因為興櫃股票沒有當沖、融資、融券、借券和盤後零股交易等功能。

投資現股的風險小於信用交易，如果需要融資、融券或

股市大崩壞，照樣穩穩賺：用對策略、選對標的、逢低買進，迎接財富再分配

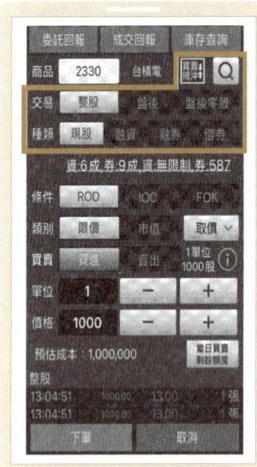 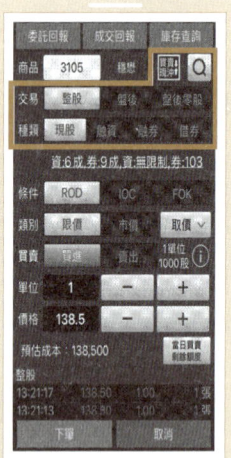 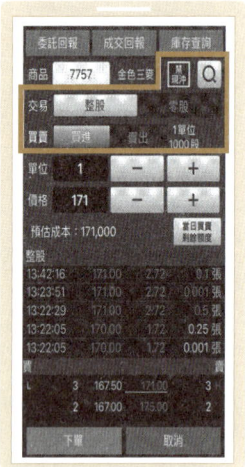

上市、上櫃、興櫃下單的畫面不同，要小心注意。圖片取自作者富邦證券 APP 畫面。
（參考資料：富邦證券 APP，部分功能示意圖）

	ROD、IOC、FOK 整理
限價單 （指定買、賣價格）	限價 ROD：自行設定交易價格，當日都有效（當天交易時間都有效）
	限價 IOC：自行設定交易價格，且需立即成交否則取消（可以部分成交，未成交立即刪單）
	限價 FOK：自行設定交易價格，且需立即成交否則取消（不可以部分成交，未成交立即刪單）
市價單 （據市場報價進出）	市價 ROD：以市場價格交易，當日都有效（當天交易時間都有效）
	市價 IOC：以市場價格交易，且需立即成交否則取消（可以部分成交，未成交立即刪單）
	市價 FOK：以市場價格交易，且需立即成交否則取消（不可以部分成交，未成交立即刪單）

各種不同的股票掛單（投資人發出一條限價或停損之交易指令）意義（資料來源：STOCKFEEL）

借券，也要看清楚畫面才下單。信用交易的買進和賣出，容易搞錯，也要想清楚才下單。

開戶一年後，線上交易者需要更新交易憑證。憑證有效期為一年，到期就無法下單交易。所以在憑證到期前 30 天（各家不同），可以開始線上更新憑證。

交易下單時間

各種交易的下單規則要搞清楚：

現貨（股票）交易：交易時間（08:30 ~ 13:30）；預約交易時間（13:50 ~ T+1 日 08:30）。

盤中零股：交易時間（09:00 ~ 13:30）；預約交易時間（14:50 ~ T+1 日 09:00）。

盤後交易：交易時間（14:00 ~ 14:30）；預約交易時間（14:50 ~ T+1 日 14:00）。

盤後零股：交易時間（13:40 ~ 14:30）；預約交易時間（14:50 ~ T+1 日 13:40）。

興櫃交易：交易時間（09:00 ~ 15:00）；預約交易時間（15:20 ~ T+1 日 09:00）。

期權交易：各商品交易時間，請參考期貨合約規格；預約單開放時間（16:30~ 次日 08:20）不包含東證期貨。

國際股票下單：依各商交易所規定。

股票出借：08:40~21:00；而還券 08:30~15:30。

公開收購：09:00~14:00。

股票帳跌幅

為尊重市場、與國際制度接軌，金融監督管理委員會宣布自 2015 年 6 月 1 日起，上市櫃公司股票將漲跌幅度由 7% 放寬為 10%。

IPO（不含上櫃轉上市者及其他非普通股票之有價證券），前 5 個交易日，沒有漲跌幅限制。

興櫃股票無漲跌幅限制。

交割注意事項

下單後成交前，都可以取消委託單。但成交之後就不能取消，一定要進行交割。成交是 T 日，而交割是 T+2 日，遇假日則順延。交割帳戶錢不夠時，營業員通常會在 T+1 日，打電話和（或）簡訊通知你需要補多少錢進帳戶，而且一定要在 T+2 日早上 10 點前補足交割款，這是法律規定的，避免違約。

違約交割時，證交所提醒投資人要負四大責任。

1）**民事責任**：相關違約債務和費用，還有最高成交金額 7% 的違約金

2）**刑事責任**：情節重大足以影響市場秩序者，面臨 3 年以上至 10 年以下之相關刑責。

3）**影響開戶交易**：未結案且未滿 5 年者，證券商應拒絕接受投資人申請開戶。已開戶者證券商亦應拒絕接受委託買賣或申購有價證券。

4）**金融機構信用紀錄**：授信機構可透過金融聯合徵信中心取得相關資訊，個人信用將受到負面影響，未來要申請車貸、房貸等貸款將變得困難。

延伸閱讀

1. 2021/04/27 臺灣集保結算所 ⇨ 集保 e 存摺 APP 新功能上線，款券資訊 e 手掌握
2. 證券櫃檯買賣中心 ⇨ 投資人專區 ⇨ 股票市場介紹 ⇨ 櫃檯買賣市場與集中市場之比較
3. 證券櫃檯買賣中心 ⇨ 興櫃股票交易制度 ⇨ 制度說明
4. 2023/3/30 STOCKFEEL ⇨ ROD、IOC、FOK 是什麼？買股票前了解三者差異！
5. TWSE 投資人知識網 ⇨ 投資風險 ⇨ 金融教育主題學習專區 ⇨ 違約交割責任
6. 臺灣證券交易所 ⇨ 市場公告 ⇨ 違約公告專區

1-4 台股 10 類股票和投資風險

在台灣,投資人是很幸福的。公司資訊相對透明,政府監管力道不弱,財報品質良好,還有很多免費即時的訊息。當然假訊息也是滿天飛,我們要有專業和判斷的能力,才能在茫茫股海中賺到錢。以下先簡單說明一下台灣證券市場的發展。

交易市場沿革

台灣證券市場的建立與演進

1962 年 2 月 9 日:「臺灣證券交易所」成立,建立集中交易市場,並關閉原有店頭市場。

1982 年 10 月:店頭市場重新開放,為未上市股票提供交易機制。

1994 年 11 月 1 日:「證券櫃檯買賣中心(櫃買中心)」成立,促進櫃檯市場發展。

2002 年 1 月 2 日:「興櫃市場」設立,將未上市(櫃)

股票納入制度化管理,以保護投資人。

台股的主要交易市場
台灣證券市場包含證交所與櫃買中心,原本「上市」、「上櫃」與「興櫃」三大板塊,各自規模與登錄條件不同。

海外企業來台掛牌
2008年3月:開放國外企業來台第一、第二上市(櫃),擴大市場規模。

第一上市(櫃):未在任何外國市場掛牌的企業,直接於台灣掛牌。

第二上市(櫃):已在外國市場掛牌的企業,透過台灣存託憑證(TDR)在台灣資本市場進行第二掛牌。

創新市場與新交易板塊
2014年:「創櫃板」設立,專為中小企業提供籌資機會。

2021年7月20日:「創新板(TIB)」與「戰略新板」推出,鼓勵新創企業發展。

2024年1月1日:戰略新板轉入興櫃一般板。

「創新板TIB」的投資人,包含了創投、基金與機構投資人;而在自然人方面,原本需有2年的證券交易經驗之外,要擁有淨資產達1000萬元以上,或是近2年平均收入在150萬元以上。金管會要的是「天使投資人」,而不是「散戶」。「創新板TIB」截至2023年12月底,全市場合格投資人戶

數已累計逾 27 萬戶，持續受到市場上投資人及機構法人的關注及青睞。而 2025 年 1 月 6 日，金管會已經全面解除合格投資人規定。

已登錄證券市場		舉例	交易場所
上市	一般板	台積電（2330）	證交所
	第一上市（KY 股）	康友 - KY（6452）	證交所
	第二上市（台灣存託憑證 TDR）	美德醫 TDR（9103）	證交所
	台灣創新板 TIB	台灣虎航 - 創（6757）	證交所
上櫃		穩懋（3105）	櫃買中心
興櫃	一般板	金色三麥（7757）	櫃買中心
	戰略新板（2024/01/01 已併入興櫃一般板）	東研信超（6840）	櫃買中心
創櫃		牧陽能控（7557）	櫃買中心

台灣各類證券交易市場（參考資料：臺灣證券交易所和證券櫃檯買賣中心）

　　臺灣證券交易所和證券櫃檯買賣中心，不只股票資訊而已，還有債券、指數和衍生性金融商品等等，官網的資料非常豐富，值得大家好好研究細細品嘗
　　上市創新板股票，除了證交所可以查詢外，從 Yahoo! 股市也可以追蹤，截止 2025 年 4 月 9 日為止有 20 家公司登錄。

台股 10 類股票和下單途徑

雖然台灣僅有 2 大交易市場,但在台灣可以買到 10 類股票,可區分為「發行公司地」和「掛牌地」。

股票種類	發行公司地	掛牌地	舉例
1. 國內上市一般板股票	台灣	台灣	台積電(2003)
2. 國內上市創新板股票	台灣	台灣	台灣虎航-創(6757)
3. 國內上櫃股票	台灣	台灣	穩懋(3105)
4. 國內興櫃股票	台灣	台灣	金色三麥(7757)
5. 國內創櫃股票	台灣	台灣	牧陽能控(7557)
6. 未上市	台灣	台灣	台灣集保
7. 海外存託憑證(ADR/GDR/EDR)	台灣	海外	台積電 ADR(TSM)
8. 海外股票	海外	海外	AAPL/NVDA
9. KY 股(2012~2016 稱為 F 股)	海外(開曼)	台灣	康友-KY(6452)
10. 台灣存託憑證(TDR)	海外	台灣	美德醫 TDR(9103)

在台灣可以買到的 10 類股票,依據發行公司地與掛牌地,可分為台灣與海外。

國內外股票種類繁多,下單途徑也很多元。

除了創櫃和未上市之外,基本上都可以透過券商(APP或打電話)下單。

海外股票和海外存託憑證，掛牌地在海外，算是海外股市交易，可透過券商複委託（APP 或打電話）下單，或海外券商 APP 下單。

認購創櫃板股票與一般購買上市櫃股票和興櫃股票的方式不同，投資人僅可透過「證券櫃檯買賣中心 ⇨ 創櫃板公司籌資系統」來辦理認購，而非透過證券商辦理認購。

未上市股票的交易平台，可以是由券商、私募股權投資機構或者互聯網金融平台建立的，也可以是一些新興的交易所。買賣國內未上市股票，可以透過「未上市股票交易平台（例如：必富網）」來進行。

▌投資風險

股票投資有風險，也伴隨著高報酬。如果你會看財報，而且能評價股票是貴還是便宜，基本上已經立於不敗之地。前提是，市場上要提供品質良好的財報和相關的資訊，可以讓我們做出正確的判斷。

一般來說，國內上市櫃的股票的投資風險比較小，其他的相對較大。括號內數字為前面表格編號可對照參考。

上市創新板股票（2）：以前是非針對一般投資大眾，現在一般人也可以投資，但風險高。

興櫃股票（4）：股票上市上櫃前，至少要先登錄興櫃 6 個月。登錄興櫃的公司，將來未必可以上市櫃成功。興櫃股票透明度和交易量，都遠小於上市櫃股票，投資風險高。

創櫃股票（5）：定位為提供具創新、創意構想之非公開發行微型企業「創業輔導籌資機制」，提供「股權籌資」功能但不具交易功能。透明度和交易量，都遠小於上市櫃股票和興櫃股票，投資風險非常高。

未上市股票（6）：透明度和交易量，都遠小於上市櫃股票和興櫃股票，投資風險非常高。

海外存託憑證（7）：海外存託憑證係由存託機構發行證明持有股票之憑證，並出售予海外投資人的一種投資工具。當公司發行存託憑證時，必須依據轉換比例提交等同數量的標的公司股票，寄放於海外存託銀行委託之國內保管機構，並於海外發行相等數量的存託憑證，其持有人的權利義務與國內普通股股東相同。持有人可於掛牌市場直接交易海外存託憑證，或要求將其存託憑證轉換為股票，在原股上市地點出售，亦可在主管機關核准之額度內要求公司重新發行新的存託憑證。因為發行地在台灣，財報透明度高，風險和一般上市櫃差不多。

海外股票（8）：風險依該國監管力道而定。成交量越大，越透明的市場，如美日市場，投資風險較低。

KY股票（9）：KY股是指在其他國家註冊登記的企業，沒有在國外上市，而是把台灣當作「第一上市（櫃）」公開募資的地點。KY是英屬開曼群島（The Cayman Islands）的簡稱，是全球知名的避稅天堂。KY財務透明度相對低，可能牽涉到他國的稅務和法律問題，還有匯率風險，投資風險很高，地雷股也很多。

台灣存託憑證（10）：存託憑證（Depositary Receipt, DR），係指由外國上市公司或股東將公司股票交由該國當地保管機構保管，再經由發行地存託機構發行表彰該股票權利的憑證後，售予有意購買之投資人，主要目的是方便發行地之投資人能在其國內投資外國證券，降低資訊取得不易、匯兌損失等直接投資國外市場的風險，也使外國優良企業能到國內募資，加速國內資本市場國際化。存託憑證依發行地不同而冠以不同的名稱，台灣存託憑證（Taiwan Depositary Receipt, TDR）係指以我國為發行地之存託憑證，亦即在海外已掛牌上市的公司申請來台「第二上市（櫃）」以TDR掛牌。對投資人而言，買賣TDR的方式簡便，均比照台灣股票方式辦理。財務透明度相對低，可能牽涉到他國的稅務和法律問題，還有交易量小和嚴重折溢價問題，投資風險很高，地雷股也很多。

做足功課，不要輕易涉險

　　風險很高的股票，例如2、4、5、6、9、10，建議都不要涉入這類型股票，除非你是創業者、非常有把握的內部認股員工、專業投資人，或是錢太多不怕賠的人。

　　我們只要好好研究上市股票（1）和上櫃股票（3），現在已經超過1800家公司了，真的就夠了，也忙不完了。如果還有時間和興趣，再去研究海外存託憑證（7）和海外股票（8）。

　　如果公開訊息都有，但自己做錯投資決定而造成損失，就是技不如人，不要再抱怨了。

第 1 章 股票遊戲：進入前先了解規則

> **延伸閱讀**
>
> 1. 證券暨期貨月刊 /29 卷 /9 期 ⇨ 淺談我國證券市場百年發展史
> 2. 2024/5/5 財團法人證券投資人及期貨交易人保護中心 ⇨ 宣導 ⇨ 媒體宣導文章 ⇨ 投資第一、第二上市（櫃）有價證券，停看聽後再投資
> 3. 2023/2/2 數位時代 ⇨ 戰略新板走入歷史，13 家明年轉入一般板！一圖看懂：什麼是創新板與戰略新板
> 4. 2024/2/5 臺灣證券交易所 ⇨ 推廣有成，2023 年台灣創新板成績斐然
> 5. 2025/01/06 Yahoo! 新聞 ⇨ 創新板新制今上路！取消合格投資人規定 證交所、創投公會、投信公會挺新創公司
> 6. 證券櫃檯買賣中心 ⇨ 創櫃板專區股票認購及繳款方式說明
> 7. 兆豐銀行 ⇨ 信託 ⇨ 保管服務 ⇨ 海外存託憑證保管
> 8. 2022/10/21 財團法人證券投資人及期貨交易人保護中心 ⇨ 宣導 ⇨ 媒體宣導文章 ⇨ 台灣存託憑證（TDR）投資風險停看聽

1-5 現股交易成本

　　股票交易的成本，簡單來說就是「費用和稅負」。有些大家耳熟能詳，例如買賣股票時的手續費和證交稅。年度中配股配息，有可能會預扣二代健保補充保費。有些比較複雜，年度末相關機構會提供海外所得的扣繳憑單。

　　這一切都由相關單位處理，細節不知道也沒關係，若有任何疑問，就直接問提供扣繳憑單的單位。

　　針對只投資國內上市櫃股票的「散戶」很簡單，不用太煩惱；但對有錢的「中實戶或大戶」，投資標的分散且多元，就會變得很複雜。本文只針對「本國人的個人稅」和「現股交易」來說明，讓大家有基本的理解。

　　在台灣可以買到 10 類股票，而「發行公司地」和「掛牌地」，對稅負影響重大。可參考第 39 頁 10 類股票的公司發行地和掛牌地表格。

手續費和二代健保補充補費

在台灣交易的股票（掛牌地：台灣）（1~5 和 9~10）

買賣股票時，需支付證券交易手續費，費率為成交金額的 0.1425%，最低 20 元／筆。

手續費折扣則有以下幾種：

1）網路下單可享 50% 以上折扣。
2）VIP／VVIP 投資人可議價。
3）新開戶優惠可能有折扣。

在台灣發行的股票（發行公司地：台灣）（1~6）

可能須繳納二代健保補充保費（適用於經常性薪資以外的收入，如股票股利、獎金等）。

扣繳標準：

- 單筆收入 ≧ 2 萬元 → 需繳 2.11%（自 2021 年起適用）。
- 單筆收入 < 2 萬元 → 免繳補充保費。

由發放單位代扣，不需自行申報繳納。

未上市股票（發行公司地：台灣）（6）

手續費與成交價格可議價，因非集中市場交易。

海外交易的股票（掛牌地：海外）（7 和 8）

若透過國內券商複委託，手續費較高；部分外國券商可能提供免手續費交易。

海外存託憑證（TDR）（發行公司第：台灣）（7）
不在二代健保課徵範圍。

海外發行的股票（發行公司地：海外）（8~10）
不需繳二代健保補充保費

小結
買賣台股需繳手續費，海外交易手續費視券商而定。
二代健保補充保費適用於台灣發行公司，單筆 2 萬元以上需扣繳，海外所得則不受影響。

證券交易稅（證交稅）

在台灣交易股票時，賣出股票需繳納證券交易稅，稅率依交易類型而異，海外股票則依當地規定課稅。了解這些基本稅務規則，有助於投資規畫與避開稅務爭議。以下是證券交易稅的簡單說明：

台灣股票證券交易稅
適用範圍：台灣掛牌股票（上市、上櫃、興櫃、未上市櫃股票）（1~6 和 9、10）。
稅率：賣出股票時需繳納成交金額的 0.3%（買進免稅）。
當沖交易：自 2011 年起，稅率減半為 0.15%。

未上市、未上櫃股票的證交稅

個人出售未上市（櫃）及非興櫃公司股票，須繳 0.3% 交易稅，並併入基本所得額申報納稅。

建議保留交易證明文件，以供國稅局審核。

海外股票（8）

證交稅依該國規定。

台灣存託憑證（TDR）（10）

交易稅為 0.1%。

稅款繳納方式

透過證券交易系統買賣的股票：券商會自動代扣交易稅。

直接轉讓的股票（如未上市公司股票）：由買受人在交割當日代徵並於次日向國庫繳納。

證券交易所得稅（證所稅）

稅制改革牽一髮而動全身非常複雜，有時空背景和政治角力。證券交易所得稅，從開徵、停徵、復徵到廢除，歷經 20 多年，搞掉 2 位母女檔的財政部長，郭婉容和劉憶如。證所稅，從 2016 年元旦廢除，證券交易損失亦不得自所得額中減除。買賣股票的資本利得，也就是股價增值的部分，個人不用課稅。

證所稅，是以「掛牌地」來判定所得來源及稅率。「掛

牌地」為台灣，所得來源地為台灣，免稅。提醒：台灣或大陸公司，都算是中華民國來源所得；而港澳或其他海外地區公司，算是海外來源所得。詳見以下表格：

股票種類	發行公司地	掛牌地	證所稅（資本利得）
1. 國內上市一般板股票	台灣	台灣	免稅
2. 國內上市創新板股票	台灣	台灣	免稅
3. 國內上櫃股票	台灣	台灣	免稅
4. 國內興櫃股票	台灣	台灣	免稅
5. 國內創櫃股票	台灣	台灣	免稅或最低稅負制（註1、註2）
6. 未上市	台灣	台灣	免稅或最低稅負制（註1、註2）
7. 海外存託憑證	台灣	海外	最低稅負制
8. 海外股票	海外	海外	最低稅負制
9. KY股	海外（開曼）	台灣	免稅
10. 台灣存託憑證	海外	台灣	免稅

註1：股票種類和證所稅課徵方式

創櫃	證所稅（資本利得）
1. 設立登記未滿五年之高風險新創事業公司	免稅

未登錄證券市場板塊	證所稅（資本利得）
2. 不符前述條件之公司	最低稅負制
1. 設立登記未滿 2 年經產創條例第 23 條之 2 核定之高風險新創事業公司	免稅
2. 設立登記未滿 5 年經依高風險新創事業公司認定辦法申請核定之高風險新創事業公司	免稅
3. 其他	最低稅負制

註 2：財政部北區國稅局表示，自 2021 年 1 月 1 日起，個人出售未在證券交易所上市或未在證券商營業處所買賣的公司所發行或私募的股票、新股權利證書、股款繳納憑證及表明其權利的證書（以下簡稱未上市櫃及非興櫃股票），其所得應計入個人基本所得額課稅。但該發行或私募公司，如屬中央目的事業主管機關核定的國內高風險新創事業公司，且交易時該公司設立未滿 5 年，其交易所得免予計入個人基本所得額。

▌所得稅的股票股利的課稅方式簡介

股票股利（現金股利或股票股利）須納入每年 5 月時個人綜合所得稅申報，可選擇以下兩種課稅方式：

1）單一稅率 28% 分離課稅

2）股利所得合併計稅（可享 8.5% 抵減稅額，上限 8 萬元）

稅率選擇建議

個人所得稅率 40% 以上：直接選擇分離課稅，稅負較低。

個人所得稅率 20% 以下：適用 8.5% 稅額抵減，可降低稅負。

個人稅率 30%：建議試算兩者後擇優申報。

舉例（股利 30 萬元）：

分離課稅：30 萬元 × 28% = 8.4 萬元。

合併計稅：30 萬元先併入所得總額，減抵 30 萬 × 8.5% = 25,500 元，就是實際要繳的稅。

股利來源與課稅地區

個人領取的股利所得，以「發行公司地」來制定所得來源及稅率。

台灣或中國大陸公司：屬中華民國來源所得，需繳納台灣綜所稅。

港澳或其他海外公司：屬海外所得，稅務處理不同。

股票種類	發行公司地	掛牌地	綜所稅（股利）
1. 國內上市一般板股票	台灣	台灣	綜所稅
2. 國內上市創新板股票	台灣	台灣	綜所稅
3. 國內上櫃股票	台灣	台灣	綜所稅
4. 國內興櫃股票	台灣	台灣	綜所稅
5. 國內創櫃股票	台灣	台灣	綜所稅
6. 未上市	台灣	台灣	綜所稅
7. 海外存託憑證	台灣	海外	就源扣繳（註3）
8. 海外股票	海外	海外	最低稅負制
9. KY 股	海外（開曼）	台灣	最低稅負制
10. 台灣存託憑證	海外	台灣	最低稅負制

註3：投資人若收到海外存託憑證（7）的股利，算是國內所得，理論上要併入綜合所得稅。但實務上為了課稅的便利性，在美國以 ADR 形式掛牌的台灣公司，如台積電 TSM，目前針對其所分配的股息皆按照「就源扣繳」的方式直接分離課稅，不用合併於國內綜合所得稅申報，目前 ADR 的扣繳率為 21%。

最低稅負制

最低稅負制是針對某些特定項目，加減繳些稅，算是綜所稅的補充稅。每年 5 月要繳交的綜所稅，除了「一般所得稅額」之外，還要加上「分離課稅」和「最低稅負制」，才是整年完整的稅負。如果你必須繳「最低稅負制」，先恭喜你，你應該是個高所得或高資產人士，也就是俗稱的「好野人」。

最低稅負制中的「基本所得額」，有 7 大項目：

1）海外所得。

2）特定保險給付。

3）有價證券交易所得（包含未上市櫃股票和私募證券投資信託基金的受益憑證）。

4）申報綜合所得稅時採列舉扣除額之「非現金捐贈金額」（如：土地、納骨塔、股票等）。

5）個人綜合所得稅的「綜合所得淨額」。

6）選擇分開計稅之股利及盈餘合計金額。

7）2006 年 1 月 1 日以後，各法律新增的減免綜合所得稅之所得額或扣除額，經財政部公告應計入個人基本所得額者。

最低稅負制的公式：

基本稅額 =（基本所得額 -750 萬元）× 20%

（2021-2023 年免稅額為 670 萬元，2024 年度起調整為 750 萬元，目前是單一稅率 20%。）

稅法規定簡單說明如下：
1）海外所得＜100萬元，免計入基本所得額。
2）海外所得≧100萬元，應計入基本所得額，但因基本所得額≦750萬元，無須繳納基本稅額。
3）海外所得≧100萬元、基本所得額＞750萬元，但因「基本稅額≦一般所得稅額」，只需繳一般所得稅額。
4）海外所得≧100萬元、基本所得額＞750萬元、且「基本稅額＞一般所得稅額」時，要繳納基本稅額。

資金自海外匯回，如非「海外所得」時，要自己舉證，則不列入海外所得，也可以避免最低稅負制的困擾。

未發行公司股票要課「財產交易所得」

股份有限公司個人股東出售未上市（櫃）股票時，應先確認該股票是否經依法簽證發行，並留意其股票交易所得的類別及申報適用法規，依法辦理申報納稅，若疏忽將財產交易所得誤以證券交易所得申報，恐衍生漏稅及裁處罰鍰問題。相關的課稅問題說明如下：

未發行股票 ≠ 證券交易，屬財產交易
若公司未依公司法完成股票發行簽證，該股份屬財產交易，而非證券交易。出售該股份的收益，須併入個人綜合所得稅申報。

已發行股票 = 證券交易，免稅或計入基本所得額

若公司依法完成股票發行簽證，則該股份屬證券交易，所得應計入個人基本所得額課稅（自 2021 年 1 月 1 日起適用）。

如何確認股票類別？

是否依法發行簽證，影響課稅方式。

未發行 → 當作財產交易，併入綜所稅。

已發行 → 視為證券交易，納入基本所得額。

申報須注意

若錯誤將財產交易所得申報為證券交易所得，可能會漏稅並遭罰款。個人出售未上市（櫃）公司股票時，應先確認其發行狀態，避免稅務風險。

結論

個人投資股票，掛牌地又區分為國內和海外，除手續費之外，至少涉及證所稅、證交稅、綜所稅，還有最低稅負制。

國內所得	證交稅	出售國內股票時按成交價的 0.3% 課稅
		國內股票現股當沖按成交價的 0.15% 課稅
		出售台灣存託憑證時按成交價的 0.1% 課稅
	證所稅	資本利得,免稅
	綜所稅	股利所得,分離課稅或合併計稅
	最低稅負制	未上市股票和創櫃股票的資本利得
	就源扣繳	21% 直接分離課稅
海外所得	最低稅負制	出售海外股票或領取海外股票股利計入最低稅負制

買賣股票要支付相關的「費和稅」。

不管國內或海外,只要買賣股票就會付出相關的「費和稅」,這些都是成本,要將它們從獲利中扣除,才不會高估自己的投資報酬率。

> **延伸閱讀**
>
> 1. 2024/04/18 財政部本部新聞 ⇨ 私人間直接買賣未上市（櫃）公司股票，仍須繳納證券交易稅
> 2. 勤業眾信稅務部 ⇨ 個人股東處分股票注意不同板塊股票稅負效果大不同
> 3. 2023/12/19 財政部北區國稅局 ⇨ 新聞稿 ⇨ 自 110 年起，個人出售未上市櫃及非興櫃公司股票應核實計算證券交易所得併入基本所得額申報納稅
> 4. 萬集會計師事務所 ⇨ 個人交易未上市櫃股票，110 年須申報基本稅最低稅負制，成本如何決定？113 年 2 月更新
> 5. 萬集會計師事務所 ⇨ 個人投資基金股票如何課稅？公司投資基金股票如何課稅？
> 6. 財政部稅務入口網 ⇨ 最低稅負制，2024/4/9 更新
> 7. 全國法規資料庫 ⇨ 民 77 年 11 月 18 日，裁判字號：77 年判字第 1978 號
> 8. 2024/08/20 財政部本部新聞 ⇨ 個人出售未上市（櫃）公司股票，如何申報所得稅報你知

1-6

投資門檻和
每月最小投入金額

　　投資最少需要多少錢？這是投資新手常會問的問題。衍生性金融商品，槓桿倍數大 10~500 倍，風險極高，因為可以「以小錢搏大錢」，投入金額可以比股票低很多，但不在本書討論範圍內。

　　融資（向券商借錢）或融券（向券商借股票），只要付出一定金額的融資自備款 40% 或融券保證金 90%，相對於現股交易，投入資金比較低，但風險提升不少。而現股當沖因為交易稅減半，所需的交易費用降低，但長期代價也很高。

　　買賣「現股」就會付出相關的「成本（費和稅）」，然後會和財力與信用有關的交易，如融資、融券和標借等等，費用都會變高。

▎投資門檻：自己不會違約的最低金額

　　想投資股票，究竟需要準備多少資金？過去台股交易最小單位為 1 張（1000 股），但現在透過零股交易，投資人可

以 1 股起買，大幅降低入門門檻。此外，券商也提供定期定額投資，讓小資族能用較小金額進行長期布局。以下說明不同交易方式的資金需求與限制，幫助你找到最適合自己的投資方式。

台股最小投資單位
以前：買股票至少 1 張（1000 股），金額依股價而定。
現在：可買零股（1 股起），降低投資門檻。

投資金額舉例（以台積電 1100 元為例）（T+2 日扣款）
現金購買 1 張（1000 股）→ 需 110 萬元 + 手續費。
融資買 1 張（1000 股）→ 需 44 萬元 + 手續費。
買 10 股零股 → 需 1.1 萬元 + 手續費。

零股與興櫃交易限制
目前不能融資、融券、借券或當沖，僅能現股買賣。

國內外券商門檻
台灣券商：無最低入金要求，可開多個帳戶，但沒存錢無實際意義。

國際券商：可能要求最低入金額數千美元，依券商規定不同。

個股定期定額投資
透過券商提供的定期定額機制，投資人每月最低 1000 元（新台幣）即可買零股，逐步累積長期持股，並分散投資風險。

此外投資股票時，最重要的不是投入多少錢，而是確保自己能穩健操作、**不發生違約交割**。無論是買整張股票、零股，還是透過定期定額投資，都應根據自身財務狀況來決定投資金額，確保在市場波動時不影響日常生活。投資不是賭博，而是長期規畫，掌握適合自己的投資門檻，才能安心布局、穩健獲利。

當沖的長期代價很高

當沖（Day Trading），目的是通過短期波動賺取價差。當沖交易雖然可以在短時間內獲取高回報，但同時也伴隨著較高風險。投資人需要「精確預測」股票價格在短期內的變化，才有機會賺到錢，然而這是不可能的事。所以會賺到錢，幾乎都是靠運氣。而預測錯誤，投資人可能在短時間內面臨巨大損失。由於當沖交易的時間非常短，投資人無法持有到價格回升，因此風險極高。

當沖的每一筆交易，都可能影響收益或損失，因此投資人在短時間內需要做出關鍵決策。如果無法承受這樣的心理壓力，容易導致錯誤的決策和更大的虧損。投資人通常會設置停損點，以避免虧損過大。**停損點**的設置是一種風險控制手段，幫助投資人在快速變化的市場中控制虧損。

假設你要投資股價 1100 元的台積電，很有本事當沖而且沖掉了。如果有資本利得且足夠付掉手續費和證交稅，「空手套白狼」，交割帳戶內就不需要任何錢，而且還會憑空出現一些錢。但如果有資本利損時，就要準備一些錢，應付手

續費、證交稅和交易損失的價差，這些錢要在 T+2 日扣款，避免違約交割。

建議每月至少 5000 元開始滾雪球

投資門檻會因交易種類與標的而異，當沖與信用交易雖降低資金需求，但風險大幅增加。相較之下，零股交易與定期定額方式資金需求低，適合穩健布局。

選擇適合的投資策略

無論選擇哪種交易方式，投資人應計算交易成本，並依自身資金狀況與風險承受能力，選擇適合的標的與策略。最重要的是保持理性投資與風險控管，才能在市場中長期獲利。

財富累積的方程式

財富 = 本金 × 投資報酬率 × 時間

找到長期高報酬率的投資標的是一大挑戰，但透過定期定額與專款專用，搭配長期投資，財富將因「複利效應」大幅增長，這也是巴菲特「雪球效應」的核心概念：

- ☑ 濕的雪（R）→ 選擇價值被低估的公司
- ☑ 長的山坡（N）→ 堅持長期投資
- ☑ 持續投入資金（PV&PMT）→ 積極存股，增加資產

股市大崩壞，照樣穩穩賺：用對策略、選對標的、逢低買進，迎接財富再分配

試算財富成長

若每年定期定額投入 6 萬元，我們可以透過試算，看看雪球效應如何讓財富滾大。接下來，我們將用實際數據來模擬財富成長曲線，幫助你理解如何透過長期投資累積資產。

每年 6 萬元或每月 5000 元，用來定期定額投資買股票，是我個人建議的最低投資門檻。經過 20 年後，會產生 198 萬元（5%）~344 萬元（10%），這種年化報酬率 5%~10% 的股票在台股多的是。

如果你嫌這個數字小，就再乘以 10~100，就是一筆大錢。

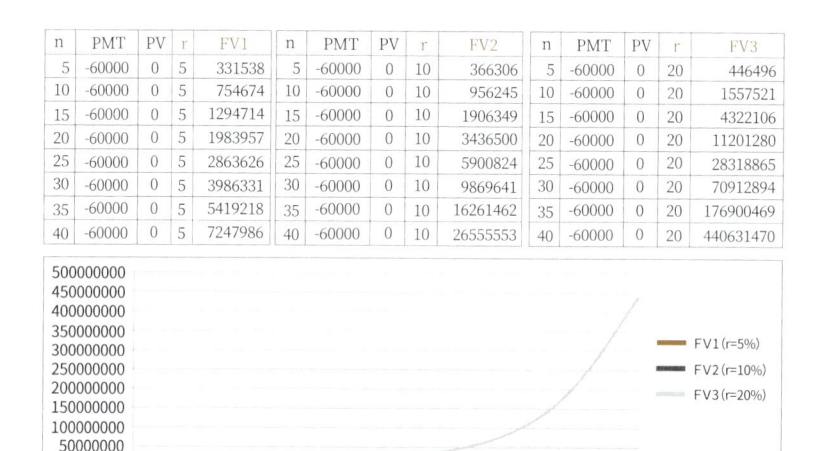

n	PMT	PV	r	FV1
5	-60000	0	5	331538
10	-60000	0	5	754674
15	-60000	0	5	1294714
20	-60000	0	5	1983957
25	-60000	0	5	2863626
30	-60000	0	5	3986331
35	-60000	0	5	5419218
40	-60000	0	5	7247986

n	PMT	PV	r	FV2
5	-60000	0	10	366306
10	-60000	0	10	956245
15	-60000	0	10	1906349
20	-60000	0	10	3436500
25	-60000	0	10	5900824
30	-60000	0	10	9869641
35	-60000	0	10	16261462
40	-60000	0	10	26555553

n	PMT	PV	r	FV3
5	-60000	0	20	446496
10	-60000	0	20	1557521
15	-60000	0	20	4322106
20	-60000	0	20	11201280
25	-60000	0	20	28318865
30	-60000	0	20	70912894
35	-60000	0	20	176900469
40	-60000	0	20	440631470

選對標的物長期投資，複利驚人。

一定要知道 72 法則

72 法則，就是「讓本金翻倍的時間 =72／年化報酬率」。

這只是一個速算的方法,並非 100% 準確,可以讓數字概念不好的人也能快速掌握要點。年化報酬率在 8% 附近,公式最準,如果離 8% 越遠,結果就會越不準確。

舉例:投資報酬率 8% 時,本金翻倍需多久?
72÷8=9(約 9 年翻倍)
實際財務計算機驗證:
PV(現值)=1
FV(未來值)=-2(翻倍)
R(投資報酬率)= 8
PMT(定期付款)=0
計算結果 N=9.05(年期),實際需約 9.1 年翻倍(與 72 法則結果接近)

複利效應被譽為「世界第八大奇蹟」,但真正執行起來卻極具挑戰。投資的難點不在於理解複利的原理,而是如何克服人性中的短期恐懼與耐心不足,堅持長期投資並遵守紀律操作。72 法則雖能幫助我們快速判斷投資回報,但真正的財富累積,仍取決於穩健的心態、持續的投入以及長期堅持複利策略。

1-7 危機入市

　　什麼是危機入市？有什麼好處，你敢嗎？當機會來臨時，敢壓身家嗎？

　　在股市危機時入市，通常被稱為「逆勢操作」。這種策略在市場恐慌時進場，以低價買入優質資產，希望在市場恢復時獲得豐厚回報。要考慮的因素：

　　1）選擇穩健的龍頭公司股票。這些公司通常能更好地抵禦市場波動，並且在市場恢復時較有可能反彈。

　　2）分批進場。市場底部難以精確預測，因此可以考慮分批買入，即「定期定額」策略，這樣可以降低一次性投入的風險，並攤平成本。

　　3）長期持有。通常需要長期持有以等待市場恢復。

　　4）資金管理與風險承受能力。確保市場進一步下跌，也不會對生活造成重大影響。

　　5）不急於獲利了結。避免因為短期波動而急於賣出，失去長期增值的機會。

十年線是否可以等待？

十年線是股票或其他金融商品的 10 年期移動平均線（10-year moving average, 10YMA）。它是將過去十年（約 120 個月）的股價收盤價取平均後，形成的一條平滑線，用來觀察長期趨勢。跌破十年線：可能被視為長期低估，是逢低布局的好時機（例如金融海嘯期間）。大幅高於十年線：可能代表市場過熱，需留意風險（例如泡沫行情）。

從 2008 年金融海嘯以後，包括 2020 年 COVID-19 和 2025 年川普「關稅戰爭」，許多人還有陰影存在。也不管政經局勢如何改變，散戶和末世論者就一直是偏空心態，所以錯失許多危機入市的好時機。看懂趨勢的人就視為「雜訊」不予理會，看不懂的人就以為要崩盤了，賣出股票或甚至反手做空。

台股自 2000 年以來，指數低於 10 年線只有 8 次

跌破日期	起跌點數	期間低點	跌幅（%）	站回天數
2000/09/30	6225	3411	45.2	380
2002/04/01	6283	3845	38.8	440
2004/04/29	6425	5255	18.55	400
2008/09/09	6552	3955	39.64	160
2011/12/19	6745	6609	2.02	3
2015/08/21	7800	7203	7.65	5
2016/01/07	7880	7628	3.2	13
2016/01/26	7880	7800	1.0	3

（資料來源：前 5 筆為網路公開資訊，後 3 筆吳家揚整理）

你以為十年線很容易看到嗎？答案是：NO。統計 2000 年至今，只有 8 次機會，2020 年 COVID-19 爆發時，結果也沒等到。2025 年「關稅戰爭」，如果跌破十年線，我會拿房子去抵押貸款買進台積電或 0050（006208），不會去管會套牢多久這件事。十年線進場，人生可以少奮鬥十年。

當台灣加權股票指數跌破十年線時，市場情緒最恐慌，大家爭相恐後賣股之際，卻是「分批進場」甚至是「單筆加碼」的好時機。**因為十年線太難等，退而求其次，忽然跌破年線或一天內大跌 5% 以上，都可買進績優龍頭股，例如台積電，長期持有，直到需要錢或達到自己設定的停利點才賣出。**

國安基金

國安基金的進場護盤，通常代表政府在股市波動劇烈、或市場信心不足時，出手穩定市場，以避免進一步的恐慌性拋售。主要是為了維護國內金融穩定，讓投資者對市場重拾信心。雖有穩定市場的作用，但不保證股市立即回升。建議保持冷靜，合理評估風險，依據個人風險承受能力進行操作。

國安基金進場護盤時的影響：

1）**短期市場穩定**。通常會對市場形成支撐，減少跌幅，穩定市場信心。因此在護盤消息發布後，市場會出現一定的反彈。

2）**要選擇龍頭股**。通常集中護盤指數成分股，例如電子股和金融股等大型權值股，這些公司的股價抗跌能力通常較強。

3）**觀察市場反應**。市場情緒可能有所緩解，如果市場基本面不佳，護盤效果可能只是暫時的。

4）**風險控制**。市場仍可能面臨全球經濟、地緣政治等因素的影響。避免大筆資金一次進場，分批進場能更好地降低風險。

5）**長期投資人的機會**。護盤時的低點，可能是進場或加碼的良機。這時可以選擇具備良好基本面、業績穩健的股票進行布局，等待市場恢復後的上升機會。

國安基金進場紀錄與績效

次數	啟動時間	進場台股指數	利空事件	投入金額	績效	投資報酬率
第一次	2000年3月15日	8682.76	第一次政黨輪替	542億	-500億	-92.25%
第二次	2000年10月2日	5805.17	網路科技泡沫化	1,227億	226億	18.42%
第三次	2004年5月19日	5860.58	三一九槍擊事件	16億	35億	218.75%
第四次	2008年9月19日	5641.95	2008年金融海嘯	600億	319.23億	53.21%
第五次	2011年12月20日	6966.48	歐洲主權債務危機	424億	37.01億	8.73%
第六次	2015年8月25日	7675.64	亞幣貶值，美國升息	196.58億	12.11億	6.16%
第七次	2020年3月19日	8681.34	COVID-19	7.56億	2.58億	34.10%
第八次	2022年7月13日	13950.62	政經關係緊張	545.08億	104.37億	19.15%

（本表參考資料來源：Money101）　　　　　金額均為新台幣

股市大崩壞，照樣穩穩賺：用對策略、選對標的、逢低買進，迎接財富再分配

國家金融安定基金
2023 年度出售股票統計資料表

項次	股票名稱	總成本(含手續費)	出售總金額(扣除相關稅費)	淨損益	獲配股利 現金	獲配股利 股票(股)	處理情形
1	統一	393,960,484	444,852,214	50,891,730	-	-	全部出清完畢
2	台塑	1,553,797,633	1,663,144,891	109,347,258	-	-	全部出清完畢
3	南亞	739,616,261	861,312,201	121,695,940	-	-	全部出清完畢
4	台化	483,495,220	466,323,545	-17,171,675	3,044,750	-	全部出清完畢
5	台達電	3,915,521,967	4,516,379,143	600,857,176	-	-	全部出清完畢
6	廣達	8,268,503	10,225,117	1,956,614	720,000	-	全部出清完畢
7	鴻海	767,185,750	760,986,378	-6,199,372	-	-	全部出清完畢
8	台積電	35,863,012,328	44,181,404,428	8,318,392,100	759,811,583	-	全部出清完畢
9	聯發科	7,215,897,273	7,887,480,115	671,582,842	602,504,366	-	全部出清完畢
10	富邦金	946,948,454	1,051,529,626	104,581,172	-	257,500	全部出清完畢
11	國泰金	672,944,681	734,073,095	61,128,414	14,404,500	-	全部出清完畢
12	玉山金	198,875,158	191,335,736	-7,539,422	1,439,337	287,865	全部出清完畢
13	中信金	224,722,340	250,092,522	25,370,182	-	-	全部出清完畢
14	日月光投控	1,207,583,139	1,596,015,039	388,431,900	-	-	全部出清完畢
15	台塑化	316,254,710	330,555,395	14,300,685	-	-	全部出清完畢
	合計	54,508,083,901	64,945,709,445	10,437,625,544	1,381,924,536	545,365	

(本表參考資料來源：財政部)　　　　　　　　　　　單位：新台幣元

66

第 8 次國安基金 2023 年聖誕節出清持股，報酬率達 2 成，根據最新公開的國安基金持股明細，買進包括統一、台塑、台達電、鴻海、台積電、富邦金等共 15 檔個股，以台積電賺最多，淨損益 83 億元加上獲配股利 7.6 億元，賺了 90.7 億元，國安基金約 8 成獲利來自台積電貢獻。

我們可以得到一個結論：「**跌破十年線進場和跟著國安基金進場，最後的結果通常都還不錯。**」

第 9 次國安基金於 2025 年 4 月 9 日進場護盤。因美國川普啟動「關稅戰爭」。台灣適用稅率 32%，造成台股暴跌。台美雙方準備談判，看稅率能否降低。根據過往經驗，機會來了大家要把握良機。

延伸閱讀

1. 2024/09/16 Money101 ⇨【股票入門】國安基金是什麼？進場護盤都買什麼？可以跟著一起賺嗎？
2. 中華民國財政部 ⇨ 新聞與公告 ⇨ 國家金融安定基金訊息 ⇨ 其他：立法院決議本基金須公告之事項或圖表
3. 2024/01/26 聯合新聞網 ⇨ 15 檔國安基金選股標的名單公開 8 成獲利來自台積電貢獻

股票下單種類很多元，對投資新手提醒的是，會用到財力證明和信用交易的，除非很熟練，否則不要輕易嘗試。

若要嘗鮮試錯，例如 2-2 融資融券，要嚴格控管風險，總風險要控制在總投資金額 20% 以內，避免樂極生悲。還有，近 10 年來才開放的「新業務」，例如 2-3 借券，立意良好，可以借出股票當包租公賺點小收入。

除現股交易外，本章節提到的下單項目都會有額外費用產生。2-6 承銷中購、競價拍賣和詢價圈購，一般人可能很陌生，不懂也無妨。

2-1 了解信用交易，掌握槓桿工具
2-2 什麼是融資、融券和標借
2-3 借券：活化股票
2-4 當沖和「T+5 型借款」

第 **2** 章

股票怎麼玩？
股票下單的種類和功能簡介

2-5 股票質押和不限用途款項借貸
2-6 承銷申購、公開收購、競價拍賣和詢價圈購
2-7 定期定額：適合小資族

2-1
了解信用交易，掌握槓桿工具

　　台股交易種類也很多元，有現股、融資、融券、借券、當沖，但可能會衍生出標借、T+5 型借款、股票質押、不限用途款項借貸等。還會有承銷申購、公開收購、競價拍賣、詢價圈購和定期定額等等，令人眼花撩亂。1-5 提到現股交易的成本（費和稅），接下來的章節，會介紹各種交易種類的功能和額外費用。

　　我們常聽到「信用交易」，信用交易俗稱「開槓桿」，是一種投資策略，借錢來擴大投資規模，希望能以小搏大，獲得更大的報酬率。信用交易除股票外，也可以運用到衍生性金融商品和外匯等等的操作。這些都不難理解，重要的是運用後的結果。

　　信用交易的功能：有的行之有年，例如融資融券，在我 1986 年進入股市時，就已經存在。有的相對很新，例如借券，稅的問題常讓人搞不清楚狀況。我的信用交易雖然小賠，但有幾次被營業員通知：「要補繳保證金，否則會被斷頭」，

那種感覺真的很不爽,還要停下手邊所有的事,去處理保證金的問題。

1990 年台股大斷頭潮,一大堆人失去了一生的財富,甚至生命,主要就是信用交易惹的禍。那時的融資自備款和融券保證金,都只要 10%(槓桿 10 倍),無知、沒經驗的投資人,用盡洪荒之力做多,經過短短 8 個月的股市大清洗,最後「哀鴻遍野,屍股無存」。

信用交易的基本概念

使用槓桿倍數:台股的融資融券,就是一種槓桿操作,只是槓桿倍數小。國外的衍生性金融商品或外匯,槓桿倍數為 10 倍以上,甚至到 500 倍都有。使用融資融券就可以買進或賣出更多的股票,但獲利虧損金額都會同步加大。

開槓桿可怕的地方在於,倍數越高風險也越大。賺錢時都很開心,賠錢時加倍奉還。例如 10 倍槓桿,商品價格上升 1%,投資人會賺 10%;反之,商品價格下跌 1%,投資人會賠 10%。

商品價格可能開盤和收盤價一樣,但盤中大震盪時,投資人可能被平倉出場,然後就沒有然後了。被平倉之後,行情都和你無關係。信用交易的額外成本也很高,會將降低報酬率,尤其是長期的信用交易。

簡單來說,10 倍槓桿就是用 1 元本金借錢,放大 10 倍資金來投資,即拿 1 元借 9 元,總共買進 10 元的商品。

槓桿帶來的高風險高回報

價格上漲：

若商品從 10 元漲到 12 元，賺 2 元，換算報酬率為 200%（＝（12-10）÷1×100%）。小額本金也能獲得數倍回報。

價格下跌：

若商品從 10 元跌到 8 元，虧 2 元，損失 200%（＝（8-10）÷1×100%）。不僅賠光本金，甚至可能負債或破產。

槓桿能放大獲利，也會加速虧損。投資人需謹慎評估自身風險承受能力，避免因市場波動而承受過高風險。信用交易，法律規定投資人要存入一筆保證金作為擔保品。隨著標的價格波動，可能需要追加保證金，以「維持率」來保有所購買的股票。保證金可以為現金或股票。

當市場波動導致投資人的保證金不足時，交易平台可能強制平倉，這是槓桿交易風險控制的常見機制。在股市中稱為「斷頭」，即券商強制結清部分或全部持股，以防止投資人進一步損失。

信用交易帳戶開戶條件

融資融券是指投資人透過券商借錢（融資）或借股票（融券）來進行交易，放大投資槓桿。然而，並非所有投資人都能申請融資融券，券商對申請人設有門檻，並會定期評估信用額度。以下以富邦證券為例，說明申請條件與額度管理方式。

申請融資融券的基本條件

1) 適用對象：

年滿 20 歲 且具行為能力的中華民國國民。

國內法人可申請融資融券，國外法人則不適用。

2) 帳戶要求：
- 已開立證券帳戶滿 3 個月。
- 最近 1 年內 至少有 10 筆成交記錄，且累積成交金額達申請融資額度的 50%。
- 若帳戶未滿 1 年，但符合上述交易條件，也可申請。

3) 財務條件：
- 最近 1 年的所得 + 各種財產合計，需達申請融資額度的 30%。
- 財產可包括本人、配偶、父母、成年子女，但須提供符合證券商規定的財產證明文件。
- 若財產非本人所有，財產持有人需擔任連帶保證人。

信用交易額度評估與續約
- 券商每 3 年會重新評估信用額度。
- 到期前 2 個月，投資人將收到券商通知書，提醒準備續約資料。
- 可選擇臨櫃辦理或線上辦理，確保額度順利延續。

融資融券能放大投資槓桿，但門檻較高，投資人需滿足

一定交易與財務條件，且須留意信用額度的定期評估，以維持帳戶的融資資格。

信用交易的種類

融資和融券是最基本的，融券可能會衍生出標借的問題。「款項借貸」和「有價證券借貸」，也是信用交易。使用「信用交易」買賣股票，除現股交易成本（費與稅）之外，還會有額外費用，而且很貴。

以下以富邦證券費率、利率告示和服務費收費標準（2024年10月25日更新）為例子：

信用交易	融資利率	6.45%
	融券擔保品利率／融券保證金利率	0.1%
	融券手續費	0.1%
款項借貸	半年型利率（長期借款）	6.5%
	T+5型手續費（短期借款）	0.1%（最低100元）
有價證券借貸	借券費率	議價（0.01%~16%）
	借券手續費	2%
	出借服務費	20%
	擔保金利率	依北富銀活期存款利率

現股當沖（註）	應付當日未沖銷借券費率	上限 7%
	借券手續費	2%
	出借手續費	10%
不限用途款項借貸	不限用途款項借貸利率	6.4%
	不限用途款項借貸借款手續費	20 元 / 筆
	T+0 借款手續費	0.1%（最低 100 元）
股票設質支付	向質權人收取每筆交易每千股 1 元，未滿 50 元者至少收 50 元	

註：證券公司向出借人及借貸人雙方各自收取借券手續費，手續費計算方式 = 借券費 X 手續費率。

2014 年剛開放當沖後，交易稅還是 0.3% 時，我就去沖來沖去，亂沖一通。雖然退休不用上班，但要盯盤也很累。我曾經月成交量遠大於 1 億元，可能算是 VIP 等級吧！當年是 22K 的低薪年代，券商「股款交割折讓」後退給我的金額，還遠大於 22K。但幾年下來累積的「手續費、交易稅、融券費、標借費和利息」總和，高達數十萬元，這還不算股利所得稅的部分，結論就是賠。後來 2017 年，當沖交易稅減半（0.15%）之後，我也很少做當沖交易了。

活化股票的方式

若你已經有「現股」（不能是信用交易來的股票），是

可以將現股「資產活化」的。方式有 2 種:「借券(當出借人)」和「不限用途款項借貸(需要股票設質)」。

交易種類的異同

在股票投資中,融資、融券、借券是常見的槓桿交易工具,能夠放大投資部位,增加資金運用彈性。然而,這些交易方式不僅涉及額度限制與財力證明,還需嚴格控管風險,否則可能導致資金管理不當,甚至被迫強制平倉(斷頭)。本文將帶你快速了解信用交易的基本規則,幫助你更理性地運用槓桿工具。

融資 vs. 融券:做多與做空

融資:向券商借錢買股票,預期股價上漲,做多。

融券:向券商借股票賣出,預期股價下跌,「立刻」做空。若券商的股票不足,就會產生標借費,股票都由「券商」處理,投資人只需支付費用。

借券:靈活調配的股票借貸

借券 ≠ 一定要立刻做空,投資人可借來補充現股或延遲賣出。

交易模式如下:

出借人 A(類似房東)把股票透過券商(仲介)借給借入人 B(類似租客)。

借券到期時,借入人必須歸還股票,否則會違約。這是

「投資人」自己的事,券商不負責提供現股。

維持率與保證金規定

融資、融券的維持率

原始維持率:融資融券 167%,借券 140%。

追繳維持率:融資融券 133%,借券 120%。

整戶最低擔保維持率(不限用途借貸):130%。

各類交易的保證金比例

融資:60%(需現金)。

融券:90%(需現金)。

借券:140%(可用現金或股票)。

信用交易低於追繳維持率,需補繳擔保品,否則會被強制平倉(斷頭)。

交易手續費與證交稅

手續費:0.1425%

證交稅:0.3%

信用交易需財力證明,並共用額度

「融資融券」、「T+5」和「借券」均屬信用交易,需提供財力證明,且共享信用額度。

「融資融券」與交易次數相關,可以合併在其他券商的交易次數,若交易次數不夠,即使有財力證明也無法申請。

財力證明的計算方式（以不動產為例）

依不動產實價登錄價格，扣除地政機關登記的抵押權金額，再依持有比例計算。

券商只能看到抵押權金額，無法得知實際貸款餘額，若要提高額度，需自行辦理塗銷或降低抵押權金額。

財力證明可分配至不限用途貸款、融資融券、T+5、借券等項目。

其他常見交易方式

設質貸款：以上市櫃股票（現股）作為擔保，向銀行或券商借款。

當沖交易：可先買後賣或先賣後買，但需留意「沖不掉」的風險。

股票抽籤（承銷申購）：一般投資人較常參與，但公開收購、競價拍賣、詢價圈購較少使用。

定期定額投資：適合長期儲蓄與累積資產，透過固定投資分散風險。

槓桿交易雖然能提高投資回報，但風險也同步放大，尤其當市場波動劇烈時，可能面臨追繳維持率或被強制平倉的情況。因此，投資人應充分了解信用交易的規則與條件，依據自身財務狀況謹慎評估，並做好風險控管。記住，投資的核心在於穩健獲利，而非盲目放大槓桿，一步步累積財富，才能在市場中長期生存。

2-2

什麼是融資、融券和標借

現股交易是用自有資金買賣股票,有多少錢做多少事,只要付出基本的成本。而信用交易,就是向券商借錢(融資)或借股票(融券),要付出一定金額的融資自備款40%(槓桿2.5倍)或融券保證金90%(槓桿1.1倍),就可以「貪心」交易。本文以自己在富邦證券下單的經驗來說明。

▎融資融券額外的交易費用

在一般情況下,上市櫃股票融資成數為60%、融券保證金90%,並以交易所的公告為主。例外,融券賣出元大滬深300正2(00637L)時,融資金保證金為0。券商的下單系統,也會清楚的告知「訊息:資/6成、券/9成、資/無限制、券/98」,而被警示的股票,「訊息」也可能會調整。保證金:融資買進一定只能用現金,融券賣出可以用現金或股票。

如果錢不夠但看好股價會上漲時,就融資買進。如果沒股票但看壞股價會下跌,就融券賣出。融資融券,除現股交

易的成本之外,還會有額外交易費用:

融資	融券
融資利息 = 融資金額 x 融資利率 x 天數 ÷365,融資利率 6.45%。	借券費用 = 股票融券時成交價格 x 股數 x 借券費率,借券費率為 0.1%。
買進時要付出自備款擔保品和手續費。	融券利息 =(保證金 + 融券股票市值)x 融券利率 x 天數 ÷365,融券利率 0.1%。
賣出時要付出手續費、交易稅(證交稅)和融資利息。	融券賣出時,只要先付出融券保證金。
	但融券回補(買進)時,則要一起付賣出手續費、交易稅和融券費,還有買進手續費和標借費(如果有的話),而券商也會把這段期間「少的可憐」的融券利息返還給投資人。

　　融券賣出的交易費用比較複雜難懂,我用反推法來驗證;其他交易費用計算直覺易懂。以富邦證券對帳單為例,請見右頁圖。

第 2 章 股票怎麼玩？股票下單的種類和功能簡介

交易類別	成交股數	成交單價	成交價金	手續費	交易稅	自備款擔保品	融資金保證金	融券費	標借費	利息	淨收付金額	費用	驗算收支	備註
定期定額	125	23.82	2977	1	0	0	0	0	0	0	-2978	1	-2978	
現股買進	1000	66.2	66200	94	0	0	0	0	0	0	-66294	94	-66294	
現股賣出	1000	70.7	70700	100	212	0	0	0	0	0	70388	312	70388	
融資買進	5000	26.15	130750	186	0	52750	78000	0	0	0	-52936	186	-52936	60%
融資賣出	10000	47.5	475000	676	1425	0	275000	0	0	6413	191486	8514	191486	
融券賣出	2000	73.4	146800	209	440	146005	132200	0	0	0	-132200	0	-132200	90%
融券買進	2000	70.8	141600	201	0	0	132200	146	0	15	136419	981	136419	
驗算		獲利	5200								4219		5200	
融券買進	10000	8.6	86000	122	0	0	46800	0	685	7	11725	800		多出標借費
融券賣出	10000	19.73	197300	281	197	0	0	197	0	0	196625	675	196625	元大滬深300正2
現股買進	1000	11.8	11800	20	0	0	0	0	0	0	-11820	20	-11820	2014/05/30 當沖 當沖交易稅 0.3%
現股賣出	1000	11.85	11850	20	35	0	0	0	0	0	11795	55	11795	
現股買進	2000	38	76000	108	0	0	0	0	0	0	-76108	108	-76108	2019/08/12 當沖 當沖交易稅 0.15%
現股賣出	2000	39.65	79300	113	118	0	0	0	0	0	79069	231	79069	

以富邦對對帳單來驗證融券賣出的交易費用。

融券強制回補時機

台灣融券放空者,有 3 個時間點需要特別注意:**「股東會、除權息、現金增資／減資」**,在這些事件之前,就需要被迫買回股票。這對放空者不利,但融券賣空受到政府嚴格管控,投資人應關心市場公告,可以到證交所查詢。對於季季配的公司像台積電(2330),一年強制回補至少 5 次(股東會加上 4 次除權息),更增加融券放空的難度。

斷頭

如果融資買的股票跌太多或融券賣的股票漲太多,券商也需要控制風險,判斷的依據是「維持率」。**券商會強制賣出我們的股票,俗稱「斷頭」。**

融資交易雖能提高資金運用效率,但當股價下跌時,投資人需留意維持率是否低於標準,否則可能收到追繳通知,甚至被強制平倉(俗稱「斷頭」)。本篇將說明融資維持率與整戶擔保維持率的計算方式,並解析追繳機制與應對策略,幫助投資人掌握風險管理的關鍵。

融資維持率計算公式

融資維持率 = 股價 ÷ 借款金額

舉例:若股票價格為 100 元,投資人使用 60% 融資(每股可借 60 元),則:

融資維持率 = 100 ÷ 60 = 167%(初始維持率)

當股價下跌至 78 元，融資維持率降至 130%（78÷60），若繼續下跌，就會低於 130%，投資人將收到「追繳令」。

整戶擔保維持率計算公式

整戶擔保維持率＝（融資擔保品價值＋融券擔保品與保證金＋抵繳有價證券）÷（融資金額＋融券標的市值）× 100%

若整戶擔保維持率低於 130%，投資人需在 2 個營業日內補繳保證金或自備款。

當整戶維持率回升至 166% 以上，追繳才會撤銷。

若未在期限內補足差額，券商將強制賣出擔保品（斷頭），且不再另行通知。

媒體與市場情緒影響

當融資維持率長期低於 130%，市場可能出現「超跌現象」，投資人可短線搶反彈，但應設好停損點，避免持續下跌造成更大虧損。

融資交易能放大報酬，但也伴隨較高風險。投資人應隨時關注融資維持率與整戶維持率，避免因股價下跌而觸發追繳或強制平倉（斷頭）。在市場波動較大時，務必設好停損與資金管理，確保交易安全，避免因短期震盪而造成重大損失。

標借

在股票市場中,融券是投資人透過券商借股票賣出(放空),期望股價下跌後買回來獲利。然而,融券的股票來源(券源)有限,當市場上融券需求大於融資餘額時,券源就會短缺,進而產生「標借費」。標借費是融券投資人必須額外支付的成本,可能大幅影響獲利空間,因此投資人應充分了解其運作方式與風險。

什麼時候會產生標借費?
融資餘額 > 融券餘額→可正常放空。
融券餘額 > 融資餘額→券源不足,需標借,產生標借費。
當券商無足夠券源時,需向市場標借股票(或 ETF),投資人則須分攤相關費用。

標借費的構成
投資人需負擔的標借費包括:
1. 借券費用(支付給股票出借人)
2. 場地費用(支付給證交所、櫃買中心)。
3. 劃撥費用(支付給集保公司)。

- 標借費由所有放空該股票的投資人平均分攤,每日收盤後計算,回補時一次累計支付。
- 借費用上限:最高不得超過該股票標借日前一營業日收盤價的 7%。

標借費與高利貸風險比較

標借成本以日計息，換算年利率高達 2555%（7%×365 天）。依民法第 205 條規定，借款年利率上限已從 20% 降至 16%（2021 年 7 月 17 日施行）。

標借費比高利貸還貴上百倍，若未注意，可能導致極高的交易成本。

券商不會主動通知投資人標借發生

證券金融公司或券商無義務提醒投資人標借費產生，投資人需自行關注相關資訊，以免無意間承擔高額費用。

標借費是融券放空的隱藏成本，當券源不足時，投資人可能需支付高額標借費，甚至遠高於民法規定的借貸利率。放空雖然能在股價下跌時獲利，但若忽略標借費，可能反而賠錢。因此，投資人在融券交易前，應先確認是否有足夠券源，並持續關注市場狀況，避免因標借費用過高而影響獲利或增加虧損風險。

經驗談

以下是我針對富邦 VIX（00677U）進行放空的經驗。富邦 VIX（00677U）是一檔追蹤標普 500 波動率短期期貨指數（VIX）的 ETF，主要在市場恐慌時表現亮眼，適合短期交易，但長期持有風險極高。由於其淨值長期低於標準，已於 2021

年 6 月 3 日下市。此外，放空這類高波動 ETF 時，投資人也需留意軋空與標借費的風險。先簡單說明一下富邦 VIX 的特性跟為何會下市的原因：

富邦 VIX 的運作方式

成立於 2016 年 12 月 22 日，透過每日重新平衡機制，調整近月與次近月 VIX 期貨，追蹤市場恐慌程度。屬於高波動商品，適合短線交易，不適合長期持有，除非股市連續大跌，否則容易虧損。

為何富邦 VIX 會下市？

2020 年 3 月 16 日，美股遭遇 1987 年以來最大跌幅，恐慌指數（VIX）飆升至 82.69，刷新歷史紀錄。市場恐慌過後，VIX 開始回落，導致富邦 VIX 淨值逐步下跌。

2021 年 4 月 23 日，30 日平均淨值跌破 2 元門檻，達到下市條件。

最後交易日 2021 年 6 月 2 日，清算基準日 2021 年 6 月 15 日。

ETF 反分割機制

為避免重要 ETF 因淨值過低而下市，金管會推動反分割機制。

元大台灣 50 反 1（00632R）已於 2022 年 10 月 17 日召開受益人會議，計畫進行國內首例 ETF 反分割。

我放空富邦 VIX 時：當初在富邦證券是「融資餘額＞融券餘額」；後來在富邦證券變成是「融券餘額＞融資餘額」。此時為應付市場交割，須以公開標借等方式取得該差額股票（或 ETF），就產生了標借費。由於融券戶按其融券餘額平均分攤，一旦有人回補，分攤這筆費用的人變少，每天的標借費，反而有可能會大幅提高。若市場風平浪靜，平時融券放空富邦 VIX，可穩賺轉倉成本，我的確賺到幾次小錢。但市場一有風吹草動時，放空者容易被「軋空」。被軋就是放空股票後，股價被市場主力天天往上拉，到自己受不了「認賠回補」或法令「強制回補」為止。

信用交易，看錯方向，會造成巨額虧損，要認賠不要硬拗。

融券放空熱門股票，除了現股的交易成本、融券額外費用、資本利損，還可能會有標借費，造成「多重損失」。如何查詢標借股票的資訊：臺灣證券交易所 ⇨ 交易資訊 ⇨ 標借 ⇨ 標借證券明細表。

我習慣將重大事件或不預期的損失，作成書面紀錄，來自我警戒，並避免重蹈覆轍。**標借費是融券放空熱門股票（或 ETF）時，可能會再增加的費用，而且很貴不可不慎。**

> 延伸閱讀
>
> 1. 富邦證券 ⇨ 商品介紹 ⇨ 國內股票 ⇨ 融資融券
> 2. 2024/05/30 玉山證券 ⇨ 融資、融券是什麼？「信用交易」線上申請及操作圖解
> 3. 2023/01/01 STOCKFEEL ⇨ 融券回補是什麼？融券回補日查詢？最後回補日是什麼時候？
> 4. 2024/07/26 財團法人證券投資人及期貨交易人保護中心 ⇨ 問答集 ⇨ 證券交易 ⇨ 信用交易 ⇨ 證券交易
> 5. TWSE 宅在家學習網 ⇨ 圖書室 ⇨ 交易 ⇨（十四）融券相關費用及標議借介紹
> 6. 臺灣證券交易所 ⇨ 市場公告 ⇨ ETF 分割（反分割）
> 7. 臺灣證券交易所 ⇨ 交易資訊 ⇨ 融資融券與可借券賣出額度 ⇨ 得為融資融券有價證券停券預告表

2-3

借券：活化股票

　　股票交易近幾年有多一個新功能，就是「借券」。只要有「現股」，就可以「借出去」，去收取一些利息。對於賠錢的股票，可稍微彌補心理的不平衡；而賺錢的股票，可以多一些小確幸。

　　證交所於 2016 年 2 月 1 日實施擴大券源「雙向借券」新制後，簡單來說就是：「過去投資人僅得向證券商借入股票，現在投資人也可以活化手中閒置近期不賣的股票出借給證券商，賺取額外的出借收入。」

　　借券主要分為兩種類型，分別為「信託借券」及「雙向借券」。前者的門檻較高，有資金與數量限制，通常單一股票信託張數至少 10 張以上，故目前市場投資人大多進行的是「雙向借券」。證交所於 2024 年 12 月 30 日開放零股交割需求借券，擴大交割借券出借券源，提供零股投資人出借證券獲取收益之機會。雙向借券交易，是由證券商擔任媒合平台。

借券（Security Lending）

借券成交不等於借券放空。借券與借券賣出實為兩個不同的交易行為，「借券」為有價證券借貸行為，僅指出借人將有價證券出借給借券人，賺取借券費收益，而借券人借券目的除為放空外，亦可從事避險、套利等策略性交易或為還券、履約之用。故投資人借入證券不一定馬上會在證券市場賣出，借券成交不等於借券放空，如欲了解借券放空情形，應查詢借券後在證券市場上實際賣出數量。

相關名詞說明如下：

1) **借券成交：**數量係指當日投資人透過證交所借券中心或向證券商、證金公司借入之證券數量。

2) **借券餘額：**係指所借入證券尚未返還之數額；即本日「借券成交」數量加計累計至前一日尚未返還之數額再減除本日還券數量後之數額。

3) **借券賣出：**數量係指當日投資人將已借入之證券在證券市場賣出之數量。

4) **借券賣出餘額：**係指本日「借券賣出」數量加計累計至前一日尚未回補之數額再減除本日借券賣出回補數量後之數額。

「借券賣出餘額」越多，表示把借來的股票賣掉，股價可能會下跌。反之，如果借券賣出餘額減少，股價就可能會上升。相關融券的借券賣出等資訊可以參考延伸閱讀第 12~15 條。

富邦證券借券業務

國內外法人或基金,均可申請參與「證交所借券系統」之有價證券借貸交易。但在「券商交易系統」,投資人可以擔任「出借人」和「借入人」。

借券這項業務,目前使用的投資人不多。業務員對借券的細節也不熟,因為法律規定「券商內部人」不能開通此功能(包含出借和借入都不行),若他們有無法回答客戶的問題也要請教總公司後才回覆。

假設:「借券後賣出,發現行情判斷錯誤,並於當天還券」。這樣變成多此一舉,可以通知營業員改帳,改為當沖模式「先融券放空,再融資買回」,都比現股當沖更浪費錢。

富邦證券開戶滿三個月,即可申請使用「出借」功能。但要開啟「股票借入」的功能,必須本人臨櫃辦理,要攜帶雙證件、原留印鑑和財力證明(包含股票價值、存款證明和不動產證明但要扣除貸款等等),還要線上簽屬「向客戶借入有價證券契約及客戶開戶申請書(客戶出借有借證券)」。

富邦證券會依據證交所公告每日更新可出借標的,若無『送出鍵』則表示該檔標的為非合格借券標的無法出借。如要查閱標的物相關資訊,可以參考延伸閱讀第 16 條進行。

借券的收入和成本

借券是「有價證券借貸」的簡稱,是券商(仲介)媒合「股票出借人(包租公)」和「股票借入人(租客)」。出借人為持有的現股,設定借出費率來進行出借,並按照條件收取

利息；借入人取得所借股票的使用權利，使用完後返還股票；而券商則有手續費收益。

股票出借人（包租公）	股票借入人（借券人、租客）
出借費率由客戶議價，年率區間0.01%~16%，由費率低者優先成交。	出借人要求提前還券（Recall），有市場價格或流動性風險。
出借委託最長為6個月（180天）。申請人於出借成交後如要求提前還券，應於5個營業日前向富邦證券提出申請。	借券人之有價證券擔保品，如遇市場價格波動劇烈，將被追繳擔保品差額或被迫了結借券部位。原始維持率140%、追繳維持率120%。借券的擔保品可以是現金或股票，股票原則上：上市股票價值打7折，上櫃股票價值打6折。
出借收入＝出借標的每日收盤價 X 出借股數 X 出借費率÷365，累加出借期間每日（含例假日）收入計算。出借成交後富邦證券向客戶收取出借服務費＝出借收入之20%，於給付客戶出借收入時內扣。	借券費用＝借入標的每日收盤價 X 借入股數 X 借入費率÷365 X 借入天數。借券還券後富邦證券向客戶收取借券手續費＝借券費金額之2%，於退還借券人擔保品時內扣。

股票出借人（包租公）	股票借入人（借券人、租客）
出借期間橫跨股東會，因所有權轉到借入人，所以股東不會收到開會通知單也領不到股東會紀念品。但出借不影響領配股、領股息的權利。如認購股份為標的證券發行之特別股，或未上市（櫃）公司之新股，或其他相關認股權利者，客戶應於最後過戶日前提出提前還券要求，自行參與認購，否則視同放棄認股權利。	如借券期間遇股會東或除權息，借券人無須強制回補，但須透過權益方式補償予出借人現金股利或股票股利。
出借收入屬客戶的「租賃所得」，於發生年度之次年 5 月申報綜所稅，但免納二代健保補充保費。服務費於次年 5 月申報綜所稅時，可做為扣抵費用。客戶單筆出借收入逾 2 萬元者，依規定代扣稅款 10%，由出借人於次年度所得稅申報時扣抵。	客戶在融券最後回補日前（不含當日）可透過借券來償還融券，以借券的形式繼續擁有看空部位不受強制回補的限制，自 2016 年 5 月 1 日起融券轉借券部分不向客戶收取 140% 借券擔保品，直接由融券擔保金及保證金合計 190%（註）移作借券擔保品（超過 140% 部分客戶可隨時申請退還），若不足 140% 客戶需增提擔保品。 註：客戶作融券賣出時須付 90% 保證金，交易所付證券商 100% 擔保金，合計存放於富邦證券 190% 擔保金。

股票出借人（包租公）	股票借入人（借券人、租客）
借券人「除權息前賣股票」，相當於返還股票給出借人，股利所得由出借人申報綜所稅。	證交所規定每日盤中借券賣出委託數量不得超過該種有價證券前30個營業日之日平均成交量之30%，如借入標的為市場熱門股，借券人會有借得到但賣不出之風險。
券商對客戶權益補償之股息與股利數額不變。借券人若跨過除權息，股利所得歸屬和稅務：1) 如果借券人沒有賣出股票。借券人的「證券存摺」不會有任何記錄。券商會將股利所得轉給出借人，出借人的「證券存摺」會登錄「股利所得」，要繳所得稅。2) 如果借券人賣出股票。借券人的「證券存摺」一樣不會有任何記錄。券商會將股利所得轉給出借人，出借人的「證券存摺」登錄為「股息權益補償」和「股利權益補償」，而「權益補償」屬證券交易所得，免稅。	原始維持率140%，如果用「現金」當擔保品，每天會有微薄的擔保金利息收入。

有價證券借貸	借券費率	議價（0.01%~16%）
	借券手續費	2%
	出借服務費	20%
	擔保金利率	依北富銀活期存款利率

（參考資料：富邦證券→商品介紹→國內股票→借券）

★ 補充說明

稅務本來是問題簡單易懂的，但聽到和查到的訊息都不同，也請教過台北市／新北市／嘉義市的國稅承辦人員，我會以「財政部」的說法為準。

借券人於跨越除權除息基準日仍持有借入有價證券，其所領取股利如嗣後已返還出借人，該部分股利免計入借券人的所得。借券人申報減除該部分股利時，請依有價證券借貸交易權益補償轉開專用憑單填寫。

出借人因出借有價證券而收取之權益補償，其屬現金權益或有價證券權益之面額部分，屬股利所得，應依法課徵綜合所得稅；而有價證券權益按除權參考價計算超過面額部分，為出售有價證券之收入，於證券交易所得停徵期間，免予課徵所得稅。

國泰證：出借人的權益補償（股利收入），若為證券交易所得，免課所得稅、免課補充保費。若為股利所得，合併課稅或分離課稅，二擇一申報。

永豐證：被借券人借走並賣出的股票，借券人返還的股利權益補償，屬於「出售有價證券所得」，目前停徵不課稅。

統一證：若將股票出借後，跨過除權息，現金股息與配股就會以「權益補償」的方式還給出借人。若權益補償歸還時「屬於證券交易所得」，可免申報（但實際報稅還是要以是否收到統一證券轉開扣憑為準）。

實務上都以「扣繳憑單」為準，名目很重要，該繳稅就要繳稅。出借股票是資產活化的方式之一，雖然一定會繳到

「租賃所得稅」，或許還會繳到「股利所得稅」，但基本上還是會有一些淨收入的。

> **延伸閱讀**
>
> 1. 2024/08/21 財團法人證券投資人及期貨交易人保護中心 ⇨ 宣導 ⇨ 媒體宣導文章 ⇨ 存股出借賺利息，借券制度介紹
> 2. 臺灣證券交易所 ⇨ 產品與服務 ⇨ 有價證券借貸 ⇨ 問答集 ⇨ 證交所借券系統參加人之資格為何？
> 3. TWSE 宅在家學習網 ⇨ 投資 Q&A ⇨ 股票借券 ⇨ 透過證交所借券系統借券所涉及之稅負問題？
> 4. 臺灣證券交易所 ⇨ 法律規章 ⇨ 交易市場 ⇨ 證券借貸 ⇨ 臺灣證券交易所股份有限公司有價證券借貸辦法（2024/07/18）
> 5. 證券暨期貨法令判解查詢系統 ⇨ 法規資訊 ⇨ 財團法人中華民國證券櫃檯買賣中心有價證券借貸辦法（現行法規）（2024/07/26）
> 6. 2021/10/06 財政部稅務入口網站 ⇨ 稅務資訊 ⇨ 認識稅務 ⇨ 稅務問與答 ⇨ 國稅問與答 ⇨ 綜合所得稅 ⇨ 壹、課稅範圍 ⇨ 二、哪些所得應該列入個人綜合所得稅中申報？所得計算方法有哪些？ ⇨ 1112 股利所得中含有借入有價證券所分配的股利，應如何申報綜合所得稅？
> 7. 財政部臺北國稅局 2016/3/23 財北國稅審二字第 1050010713 號函 ⇨ 貴公司函詢有關證券商辦理有價證券借券業務之所涉課稅疑義乙案，復請查照

8. 財政部 2007/8/20 臺財稅字第 09600210970 號令 ⇨ 核釋有價證券借貸相關課稅規定
9. 國泰證券 ⇨ 股票出借好幫手
10. 2024/07/09 豐雲學堂 ⇨ 存股＋借券｜豐存股不僅幫你存股利，還有機會可以節稅嗎？
11. 2023/09/07 統一綜合證券 ⇨ 借券常見的稅務問題？一次解答！
12. 臺灣證券交易所 ⇨ 交易資訊 ⇨ 盤後資訊 ⇨ 當日融券賣出與借券賣出成交量值
13. 臺灣證券交易所 ⇨ 交易資訊 ⇨ 融資融券與可借券賣出額度 ⇨ 融券借券賣出餘額
14. 臺灣證券交易所 ⇨ 基本市況報導網站 ⇨ 借券查詢 ⇨ 借券賣出可用餘額
15. 臺灣證券交易所 ⇨ 產品與服務 ⇨ 有價證券借貸 ⇨ 借貸資訊 ⇨ 歷史借券成交明細
16. 臺灣證券交易所 ⇨ 產品與服務 ⇨ 有價證券借貸 ⇨ 借貸資訊 ⇨ 標的證券

2-4
當沖和「T+5型借款」

　　賭性堅強投資人，最喜歡當沖，他們愛聽信「投資網紅」的「無成本當沖」詐術。問題是，當沖真的是無成本嗎？沖不掉時該怎麼辦？

　　當沖是什麼？當沖，就是「當天完成同檔股票同樣張數買賣，當日收盤以買賣價差扣除手續費和交易稅後，辦理款項交割」，無論先買後賣或先賣後買都行。雖然當沖很方便，但長期代價很高。當沖交易重點：

1）要當日回補。
2）找交易量大的個股。
3）找波動大的個股。

　　當沖是一種短線交易策略，當天結算不留部位。可以利用程式做高頻交易，除股票外，也可以運用到衍生性金融商品和外匯等等的操作。

　　當沖的每筆交易的時間非常短，可能是幾分鐘甚至幾秒鐘，利用當日的價格變動來快速獲利。這種交易方式適合熟

悉市場、能迅速做出決策的投資人。因為價格在短時間內波動較大，可能會導致較大的虧損，常會設立停損點和停利點。

當沖，長期一定大賠

在強調一次，長期持有好股票才能在股市中賺到錢。當沖會讓人誤以為交易成本低，所以下單量大增。而且也不一定穩賺，套牢時變成隔日沖，成本又增加。累積一段時間之後，一定大賠。

事實很殘酷，大部分的當沖族都是輸家。證交所統計，2023 年外資法人透過當沖大賺 194 億元，百萬散戶大軍卻輸了 291 億元。換言之，在這個政府開設的「合法賭場」，外資法人賺走了台灣散戶的錢。

會支持當沖減半政策的人：1）券商，因為交易量增加，手續費就多。2）政府，因為交易量增加，證交稅就多。3）外資，因為賺到大錢。4）有本事靠當沖賺到錢的少數投資人。

當沖的警示制度

為活絡股市交易量，政府自 2014 年開放投資人現股當沖。2017 年當沖交易證交稅率減半，從 0.3% 降為 0.15% 的優惠措施，原實施為期一年，後來修法延長三年八個月，將於 2021 年底到期。立法院於 2021 年 12 月 21 日院會拍板三讀《證券交易稅條例》修正案，確定當沖降稅延長三年至 2024 年底，2025 年 3 月 31 日又將此稅率期限延長 3 年至 2027 年底。當初降稅是因為考量台股交易清淡，希望活絡交易，資料顯示

當沖降稅確實帶動市場交易量，提升了市場流動性。

證交所和櫃買中心提出當沖警示制度，於 2021 年 8 月 27 日實施，兩大重點：

1）列為注意股。最近 6 個交易日，當沖成交量占這 6 日總成交量比率超過 60%。當沖成交量佔該日總成交量比率超過 60%。

2）處置。連續 3 個營業日（因近 6 個交易日累計漲跌逾 32%）或連續 5 個營業日（因近 6 個交易日累計漲跌逾 25% 等條件）列注意股，當沖比重又達 6 成，將進一步被列處置股。處置期間由 10 天延長為 12 個營業日，比一般處置股多兩天。

以富邦證交易為例

2014 年開放當沖，交易稅 0.3%。2017 年，當沖交易稅減半為 0.15%。

現股當沖資格：「已開立信用帳戶」或「開立受託買賣帳戶滿 3 個月且近 1 年成交紀錄 10 筆（含）以上者」，然後線上簽屬「當日沖銷券差有價證券借貸契約書暨有價證券當日沖銷交易風險預告書暨概括授權同意書（先買後賣＋先賣後買＋出借＋借券）」同意書後才可以交易。

現股當沖，可以「先買後賣（做多）」或「先賣後買（做空）」。

本來想「現股當沖，先買後賣」，但後來股價跌停鎖死賣不掉時，可以當天收盤後打電話給營業員改帳，從現股買進變成融資買進，降低交割款。

第 2 章 股票怎麼玩？股票下單的種類和功能簡介

　　本來想「現股當沖，先賣後買」，但後來股價漲停鎖死買不到時，可以當天收盤後打電話給營業員改帳，從現股賣出變成融券賣出，降低交割款。

　　下單畫面，顯示「買賣現沖」的才行當沖，顯示「禁現沖」的不行當沖。

　　「現股當沖，先賣後買」的人，下單時要記得勾「先賣現沖將先從庫存扣抵，請注意賣超回補」。「現股當沖，先買後賣」，就沒有這種困擾。

現股當沖：先賣後買的人記得勾選「先賣當沖將先從庫存抵扣，請注意賣超回補」。
（參考資料：富邦證券 APP）

針對沒有開信用帳戶的人，現股賣出需要當日回補，如未回補將進行「券差處理」。現股賣出的人要去借股票來交割，是借券方，要付手續費2%和借券費（借券費率上限7%）。有股票的人，是出借方，手續費10%和借券收入。

基本上需要「券差處理」的，已經不算當沖了，因為要借別人的股票去交割。券商會幫忙打電話詢問手上有股票的投資人借股票，用借到的股票去幫你交割。最差的形況就是利息7%（天），一定可以當日沖掉，隔日券商再去市場買股票回來還借券人。投資人只要負責出很貴的錢，交割細節由券商搞定。

若當日未完成當沖，變成留券，需在 T+2 日 10:00 前準備好「交割款」，否則券商就申報違約交割。

想做「融資融券當沖」的投資人，要先有信用交易帳戶。可以「先資買再券賣（做多）」或「先券賣再資買（做空）」。資券當沖，沒有證交稅減半的優惠，還會產生相關的信用交易費用。

零股不能當沖，整張（1000股）才行。零股目前不能：融資、融券、借券和當沖，今日買進零股最快要明日才能賣出。

現股當沖額外的費用：

現股當沖（註）	應付當日未沖銷借券費率	議價，上限 7%
	借券手續費（券商收取）	2%
	出借手續費（券商收取）	10%

註：手續費計算方式＝借券費 × 手續費率。

「T+5 型借款」可以避免當沖違約嗎？

本來要當沖（T 日），卻因為忙而忘了，收盤後才發現交割日（T+2 日）的交割款不足時，怎麼辦？作法如下：

1）假設 T 日買進股票 100 萬元，T+2 日應付交割款為 100 萬元。

2）在成交日的次 1 個交易日（T+1 日）收盤前或成交日的次 2 個交易日（T+2 日）收盤前，要自己賣出股票，然後通知營業員申請「T+5 型借款」，因為營業員不會知道你需要這項服務。這等於是用 T+1 日或 T+2 日賣出股票的價金做為擔保品，請券商借你錢交割 T 日買進的股票。T+1 日賣出的股票可以 100% 為擔保品，但 T+2 日賣股的股票會打折（原則上，不分上市櫃公司股票都打 7 折，但依當時股票有沒有被示警等等狀態而定）。

3）T+2 日，券商代你交割 T 日應付的交割金額 100 萬元。

4）T+3 日，T+1 日賣出股票的金額入帳，券商扣除借款利息和借款手續費（0.1%），退還剩餘款項給你。

小提醒

- 「T+5 型借款」，一定要先本人臨櫃辦理，要先啟動此功能。
- 這是救急不救窮的變通作法，千萬不要將這種作法視為常態，因為利息費用和手續費用很高，而且成功率也不會是 100%，還是有違約的可能性。

★ 補充說明

1. 不論是 T+5 或半年型，現在幾乎都沒有投資人在使用。官網上沒有這些資料，要從「客戶開立借貸款項帳戶應告知事項」才有這些說明。

2. 如果有違約交割之嫌，現在投資人都以「不限用途款項借貸」居多。

延伸閱讀

1. 2024/09/24 天下雜誌 ⇨ 散戶一年賠掉 291 億當沖降稅第三度延長，是糖果還是毒藥？
2. 2021/12/21 天下雜誌 ⇨ 1 分鐘看懂當沖 立院通過當沖降稅優惠延長至 2024 年！
3. 2024/08/03 豐雲學堂 ⇨ 融資融券當沖｜當沖跌漲停鎖死怎麼辦，資券互抵是什麼？處置股可以當沖嗎？4 大情境告訴你！
4. 2024/07/02 豐雲學堂 ⇨ 買錯股票沒錢交割怎麼辦？一張圖搞懂 T+5 借貸是什麼｜永豐金證券服務介紹

5. 證券暨期貨月刊 / 第 35 卷 / 第 1 期 ⇨ 放寬證券商辦理證券業務借貸款項業務範圍暨開放證券商辦理不限用途款項借貸業務
6. 臺灣證券交易所 ⇨ 交易資訊 ⇨ 當日沖銷交易標的 ⇨ 每月當日沖銷交易標的及統計
7. 臺灣證券交易所 ⇨ 交易資訊 ⇨ 當日沖銷交易標的 ⇨ 每日當日沖銷交易標的

2-5

股票質押和不限用途款項借貸

對存股族來說,除了每年領股息外,可以將股票出借(當包租公),也可以將股票質押貸款來投資。

股票質押(Stock Pledge)是一種常見的融資方式,指的是股東將持有的股票作為抵押品,向銀行或券商申請貸款。在股票質押過程中,股東並沒有出售股票,不用擔心賣股而錯失股票的漲勢,同時還能繼續享有股東的權益(出席權與表決權,除非雙方另有協議),無論是配息或配股都不受影響。但股票質押貸款和信用交易一樣,有斷頭的風險。

▎質押貸款提醒

股票質押通常涉及公司股票,這些股票在質押期間不能自由交易。若要交易,要先通知營業員「解除鎖定」後才能交易。

要提供財力證明,市值至少應為所需申請額度 30%。若已開立信用交易或款項借貸等授信帳戶,則所有授信額度須

合併計算。

和融資融券信用交易一樣，維持率低於 130% 時通知，發出追繳令；維持率回升到 166% 以上，取消追繳記錄。如提供之擔保品遇到停止買賣、消滅或是不符合規定（例如：變更交易、管理股票等等）時，證券公司將通知更換擔保品。

質押貸款的費用非常貴，請小心使用。通常銀行的費用會比券商低，還款期限也不同，要多加比較，才能找出對自己最有利的方案。

股票質押舉例

2010 年 6 月國泰澈底分家，蔡宏圖自己籌措 200 億元，另外再向銀行團貸款一筆有史以來最高的 600 億元個人聯貸案，買下蔡鎮宇手上所有國泰金的股權，共計 15%。從此，「首富」也是「首負」。國泰蔡宏圖因兄弟分家，大舉質押自己股票給自己銀行，貸款出來買回股權，還差點被斷頭。當時如果蔡宏圖被斷頭，台灣金融版圖和個人勢力範圍，或許又不一樣了。

2022 年 10 月 17 日公開資訊觀測站最新資料顯示，台積電總裁魏哲家近日申報質押 1600 張自家股票。以台積電 2022 年 10 月 20 日一度下探 386 元，「魏哲家質押台積電股票」的消息在市場傳出後，台積電股價尾盤急拉翻紅，終場漲 2 元，收 397.5 元，隱約透露市場認同「公司高層質押股票，意味股價底部已近」。質押個人股票貸款，然後買進對的公司股票，會「爆賺」的。

許多公司的大股東大舉質押公司股票，雖然公司高層嘴巴都說公司的前景很好，但大家的身體卻很誠實，先將錢拿出來放口袋。有些是個人財務操作，和公司經營無關。但有些是公司不行了，從公司財報即可得知。

我在 2003~2004 年，因公司信用擔保（特殊條件），讓我能大量貸款分批買進股票，然後將股票分批質押給銀行。貸款金額全部投資購買當年的未上市股票華亞科技（3474，已於 2016 年 12 月 6 日下市），等待公司 2006 年 3 月 17 日掛牌上市（IPO）後，我要先拿出現金還銀行，將股票「贖回」後才能賣出。然後陸續出清持股，運氣好賺了一些錢，雖然利息費用也不低。

富邦便利貸（不限用途款項借貸）

以富邦證券為例只要有富邦證券一般帳戶即可，不需要信用帳戶，但要簽署「不限用途款項借貸契約書」。不限用途款項借貸業務，指以有價證券、應收在途交割款債權（T+0 借款）或其他商品，向證券商進行擔保融通資金，以滿足投資人彈性資金需求。客戶以持有之上市（櫃）股票作為擔保品融通資金，融通資金可自由運用不限用途（例如：可用於買房、買車、繳稅等等）。

借款期限為半年（6 個月），可於期限屆滿前，償還利息並申請展延，每次展延以半年為限，共可展延 2 次。借款期限最長 1 年半（18 個月），到期後不得展延，但得視客戶信用狀況評估可否申請借新還舊。

第 2 章　股票怎麼玩？股票下單的種類和功能簡介

　　以客戶所提出之擔保品計算，得為融資融券：以前一營業日收盤價的 60% 計算；非得融資融券：為前一營業日收盤價的 40% 計算。詳細借款方式及擔保維持率計算，請參考官網。

　　相關費用計算如下：

不限用途款項借貸	不限用途款項借貸利率（註1）	6.4%
	不限用途款項借貸借款手續費	20 元 / 筆
	T+0 借款手續費（註2）	0.1%（最低 100 元）
股票設質支付	向質權人收取每筆交易每千股 1 元，未滿 50 元者至少收 50 元	

註 1：利息費用 =（借款金額 X 借款年利率 6.4% X 借款天數）÷365 天。
註 2：手續費 = 借款金額 X 手續費率 0.1%（最低收取 100 元）。

延伸閱讀

1. 富邦證 ⇨ 商品介紹 ⇨ 國內股票 ⇨ 不限用途款項借貸
2. 2011/06/30 今周刊第 758 期 ⇨ 國泰蔡宏圖失落的王者
3. 2022/08/17 財訊 ⇨ 股價變「小三」蔡宏圖差點成追繳戶內外夾擊，國泰金如何搏翻身
4. 華南銀行 ⇨ 股票靈活金

2-6 承銷申購、公開收購、競價拍賣和詢價圈購

「承銷申購、公開收購、競價拍賣和詢價圈購」,是什麼碗糕?

這些都是投資人常見的「**賺價差(資本利得)**」的方法。但多數的投資人,只會用「**承銷申購**」,而投資高手也會運用其他方式。

承銷申購(Underwriting)

承銷主要有兩種方式:

1)包銷指承銷商承諾未售出的股票將自行購入。

2)代銷僅以協助銷售,募集資金成敗之風險,由發行公司自行承擔。

承銷申購(又稱為公開申購或股票抽籤),指正準備或已經上市、上櫃的公司以發行股票「現金增資」來募集資金,由於申購的股票張數有限,因此採用公開抽籤申購的方式向大眾集資,一般申購價格會低於市場上流通股票的價格,以

利完成資金的募集。要有證券帳戶，每人限購 1 單位，重複向其他券商申購，資格會被取消。有價證券申購處理費 20 元，中籤通知郵寄工本費 50 元。

公開收購（Tender Offer）

依照「公開收購公開發行公司有價證券管理辦法」規定，收購公司應將公開收購之條件、資金來源、目的以及參與應賣之風險等事項予以公開，並須依規定製作檢附公開收購說明書。

公開收購制度係指不經由有價證券集中交易市場或證券商營業處所，而以公告等其他方式為公開要約，以特定價格，於特定期間對不特定的股東手上取得一定數量的被收購公司有價證券之制度。

在公開收購過程中，收購公司通常可藉由收購條件的擬定，取得較為優勢的地位，例如收購價較市價為高。另也透過公開收購大量的股權，造成被收購公司經營權的移轉，為收購公司取得或加強對被收購公司經營權之方式之一。

如果想要藉由公開收購賺取市場價差，一定要有現股，除詳閱公開收購說明書之相關資訊外，亦建議查看被收購公司就該次公開收購所做之審議結果及建議，再綜合判斷決定是否應賣。若該次應賣股數超過預定最高數量時，原則上發行公司係按比例向應賣人購買，且比例分配至壹仟股為止，零股將不予購買。

案例：諾貝兒（6844），2024 年 9 月 23 日收盤價 157 元，

2024 年 9 月 24 日收盤價 171.5 元。公開收購時間 9 月 25 日~11 月 13 日，對價 175 元。當投資人覺得有利可圖時，就會進場，拉高股價。進而降低收購價與對價的差距。

競價拍賣（Auction）

股票抽籤幾乎成為一項全民運動，但認購新股除了抽籤外，其實還有一種方式叫「競價拍賣」，舉辦的時間點比申購還早，而且可申請張數、機率還更高，到底競價拍賣是什麼？

台股於 2016 年才出現競價拍賣新制，競價拍賣可以分為「美國標」和「荷蘭標」。優點是能讓市場決定最真實的價格，並促使競價透明化，吸引更廣泛的投資者參與。

競價拍賣是指公司以已發行股票或現金增資發行新股辦理股票初次上市上櫃及已上市、上櫃公司辦理現金增資之全數承銷案件，及轉換公司債、附認股權公司債承銷案件得以競價拍賣為之。

投資人參與投標時需先繳交：投標處理費以及投標保證金。投標保證金為投標金額之 30%~50%，若未得標，保證金會全數退還，但得標人未如期履行繳款義務時，除喪失得標資格外，投標保證金應由主辦承銷商沒入之，並依該得標人得標價款自行認購。

競價拍賣採價高者得，每一得標人依其得標價格認購之（採美國標案件）。

每一得標人最高得標數量不得超過該次公開銷售 10%。

投標後無法刪除投標單,請務必確認後再行投標。各券商對於各投標案將收取投標處理費(400元／件)及得標手續費。

詢價圈購

詢價圈購是指現金增資發行新股、辦理股票初次上市上櫃及已上市、上櫃公理現金增資之全數承銷案件,及轉換公司債司辦附認股權公司債承銷案件得以詢價圈購為之。

參加圈購之投資人向承銷商遞交圈購單,僅係表達認購意願;承銷商受理圈購,亦僅係探求投資人之認購意願,雙方均不受圈購單之內容所拘束。但圈購人於圈購單出具之圈購人身分具適法性聲明書,應負法律責任。證券承銷商受理圈購時,得向圈購人收取圈購處理費,費率依個案而定。

詢價圈購是指承銷商接受投資人遞交圈購單,表達以特定價格認購特定數量意願的方式。承銷商之所以會辦理「詢價圈購」,主要是探詢市場實際需求狀況,作為承銷價格訂定的參考,隨後配售給有意認購的投資人。但是因為不是每個人都買得到,所以容易有人為操作,讓特定的人認購、產生弊端。

為了改善詢價圈購所可能產生的弊端,金管會在2016年推動了新的法案,凡是證券承銷商辦理初次上市上櫃案件且對外募資金額達新台幣4億元者,應優先採「競價拍賣」方式辦理,取代了原本詢價圈購的方式,競價拍賣亦得搭配公開申購配售,但公開申購額度以不超過承銷總數之20%為限。

> **延伸閱讀**
>
> 1. 證券暨期貨月刊 / 第 29 卷 / 第 5 期 ➩ 淺談承銷制度與改革
> 2. 富邦證券 ➩ 商品介紹 ➩ 承銷及股務代理 ➩ 公開申購 / 競價拍賣 / 詢價圈購
> 3. 2022/09/19 財團法人證券投資人及期貨交易人保護中心 ➩ 宣導 ➩ 媒體宣導文章 ➩ 參與公開收購要注意的事
> 4. 2024/10/11 STOCKFEEL ➩ 競拍｜競價拍賣是什麼？股票競拍如何參加？股票競拍完整教學！
> 5. 2024/10/14 豐雲學堂 ➩ 新股價差另類新方法：「競價拍賣」教你怎麼投標，搶先申購抽籤之前、歷史中籤率還更高！
> 6. 中央銀行貨幣金融知識專區 ➩ 央行知識家 ➩ 2020 年諾貝爾經濟學獎得主是鑽研拍賣理論的 2 位經濟學家！
> 7. 臺灣證券交易所 ➩ 市場公告 ➩ 公開申購公告
> 8. 臺灣證券交易所 ➩ 市場公告 ➩ 競價拍賣公告
> 9. 中華民國證券商業同業公會 ➩ 證券商承銷有價證券公告系統 ➩ 114 年證券商承銷證券詢圈公告」和「114 年證券商同時辦理初次上市（櫃）詢價圈購暨公開申購承銷案件公告

2-7
定期定額：適合小資族

　　投資策略可以分為「單筆」、「定期定額」和「動態資產配置」。在牛市中，定期定額報酬率會不如單筆，因為在價格較低時未能大量買進，因此錯失部分獲利。如果時機或標的不對，單筆報酬率會不如定期定額。

　　單筆：適合積極型投資人，選對標的後單筆投入的人，往往可以享受更高的複利效果。但選錯標的的人，套牢時間越久，損失金額也越大。高風險但也高報酬，依賴「擇時」能力。

　　定期定額：適合小資族或保守型投資人，券商和金融機構，都有推出這種服務。較為被動，適合無法花費太多時間分析市場的投資者。

　　不定期定額、定期不定額和不定期不定額，屬於「動態資產配置」。理論上，要根據市場變化動態調整投資組合，要具備市場分析能力，並需要較多的時間和精力。但實務上做不到，變成是一種噱頭：「隨時改設定，調整金額，控制

115

帳戶中的錢,讓錢有時夠扣,有時不夠扣」。

定期定額投資法

平均成本法(Dollar-Cost Averaging, DCA)是一種常見的投資策略,又名「定期定額投資法」或「懶人理財術」。

定期定額投資法的原理,是將大筆資金分散成多次小額投資,固定週期、固定金額,以規律機械式的方式,買入股票、基金或外匯等等。操作簡單,只需設定好投資的時間和金額,即可自動執行,不需花費大量時間和精力分析市場走勢,適合可以穩定支出的人。

無論當時市場價格如何波動,都保持固定金額的投入。隨著市場價格的變化,投資人會在價格低時購買更多的單位數,在價格高時購買較少的單位數,這樣能降低平均投資成本。

我們經常受到情緒和心理影響,導致「追高殺低」的錯誤行為,定期定額可以避免市場漲跌而改變投資計畫。資金分批進入市場,降低單一事件的風險,不必「等或猜」進場時機,適合長期投資人。因為市場波動早晚會回歸合理,長期投資才可以想享受複利效果。

景氣循環圖

以景氣循環圖來簡單的說明,如何使用定期定額投資術。這張圖,大家應該都不陌生,簡稱 SMILE 微笑曲線圖。不意外,定期定額適用於景氣循環的每一個階段。

只要可以經歷一個完整的產業循環,或許需要 2~5 年,基本上就是可以投資的標的。能不能賺到錢,也和持有時間有關,夠久才行。定期定額最主要的原因在於能夠「買在平均成本」,因為市場波動大,今天的低點很可能就是明天的高點。長期購入,能降低平均投資成本。而單筆投入,就能在低點買進更多的單位數,持續降低持有成本。當行情反彈向上時,也能夠早日達到「停利點」。

股價(或基金)淨價

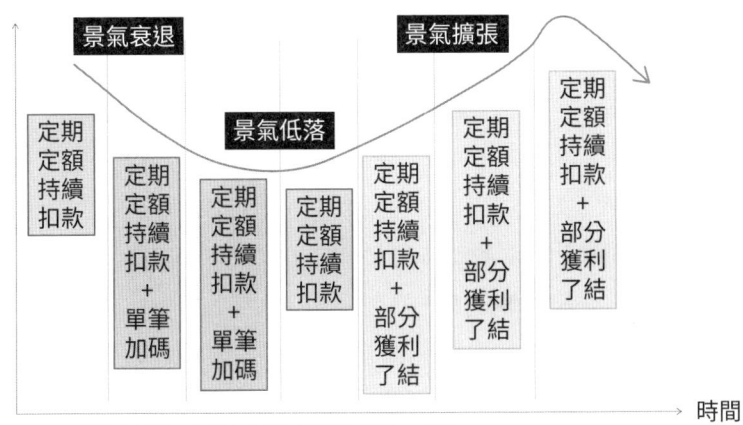

景氣衰退		景氣低落		景氣擴張	
定期定額持續扣款	定期定額持續扣款+單筆加碼	定期定額持續扣款+單筆加碼	定期定額持續扣款	定期定額持續扣款+部分獲利了結	定期定額持續扣款+部分獲利了結	定期定額持續扣款+部分獲利了結

時間

SMILE 微笑曲線圖:定期定額適用景氣循環每一階段。

SMILE 投資術,簡單又好用,但我們真的可以撐過一個產業循環 2~5 年嗎?定期定額不停扣,甚至低點時要違反人性大舉單筆加碼,也不容易做到。2020 年 COVID-19 來臨時,許多人不但停扣,甚至賠大錢贖回。後來股價或基金淨值大幅反彈,而別人有獲利時,基本上都已經和你無關了。

景氣循環 3 種型態

景氣循環還有 3 種型態：趨勢向上、盤整和趨勢向下。

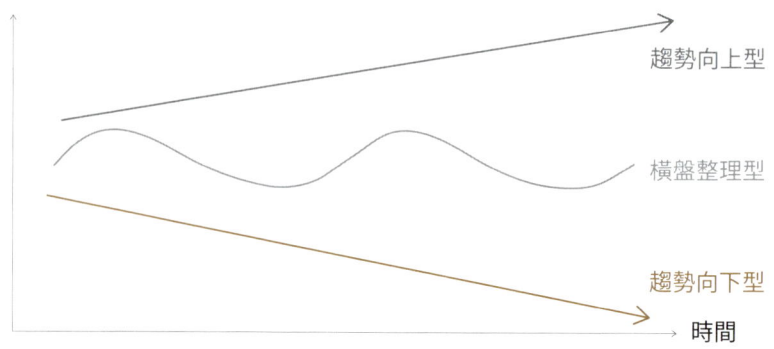

股價或基金淨價

- 趨勢向上型
- 橫盤整理型
- 趨勢向下型

時間

1. **趨勢向上型**：無論何時，無論採取甚麼策略，都很容易賺到大錢，屬於高科技成長型公司。

2. **橫盤整理型**：如果股價振幅不大，無論採取甚麼策略和怎麼扣款，可能都無法克服大筆的費用，建議少碰。但只要股價振幅夠大，變成 SMILE 曲線，無論採取甚麼策略，就有機會賺到合理的報酬率，屬於景氣循環股。

3. **趨勢向下型**：如果看不到曙光，無論採取甚麼策略，建議認賠出場另起爐灶，屬於夕陽產業。

雖然定期定額投資法是一種穩定的投資方法，但投資人應該意識到市場風險。若所選投資標的長期不佳，則會導致資本損失。定期定額投資法需要長期堅持才能發揮其效果，

並非短期獲利的最佳方式。

投資人要根據財務狀況和風險承受能力，定期檢視自己的投資標的和市場變化。長期來看，選對標的，堅持定期定額投資法，就有機會「發大財」。

如何實際下單

以富邦 APP 為例來說明，點選首頁「台／美股定期定額」⇨「台股定期定額」⇨「熱門標的」⇨「台股個股」⇨「所有標的」⇨「輸入關鍵字 2330」⇨「搜尋」⇨「2330 台積電」⇨「申購」⇨ 輸入「投資金額（最少 1000）」⇨「加碼單次扣款」⇨「扣款日期（可複選）」⇨「6 日，16 日，26 日」⇨「直接申購」⇨「確定申購」⇨「綁定成功」。

如果要取消設定，點到「有效約定」後，直接刪除即可。

定期定額業務，最低 1000 元，並以千元為級距，投資金額無上限。投資組合每一組和的最低投資金額為 3000 元。

下單手續費為 0.1425%，可和券商談優惠。台股交易稅為 0.3%，股票型 ETF 交易稅為 0.1%，債券型 ETF 在 2026 之年前免交易稅。

交割帳戶金額不足扣時，算委託失敗，不算違約。

定期定額屬於「圈存交易」，最晚要在約定日期前（指定買進日前一交易日的 16:30 前），存入約定金額。扣款金額加手續費，不會超過約定金額。

投資人不可自行設定買進價格，由公司統一處理，在分配股數進帳戶。但賣出時，與一般股票賣出方式相同。

假設某投資人選擇每月投入 1000 元到某檔股票，先不考慮費和稅的問題。第一個月股價為 50 元，則能購買 20 股；第二個月價格跌至 25 元，則能購買 40 股。這樣成本為 33.3 元（=2000 元 ÷60 股），雖然市場波動大，投資人還處於被套牢中。選對標的，經過一段長時間後，就有機會大幅獲利。

　　零股下單的方式有 2 種：

1）自行下單。就是單筆投入的方式。

2）定期定額。業務需求最低 1000 元，就是買零股的意思。

　　目前富邦證提供的定期定額共有台積電等 104 檔個股，看起來都是成交量夠大的中大型股。

定期定額投資在選定標的與投資金額、扣款日期後即可。
（參考資料：富邦 e 點通 APP）

我住在超高樓層,全台灣住得比我高的人實在不多。優點是視野遼闊,由上而下更能立體的看出地形全貌;缺點是颱風地震時,房子晃得很厲害,偶爾斷電時要爬很久的樓梯或要等復電後搭電梯。不過習慣就好,我看到的和喜歡的優點,會蓋過缺點。任何分析手法,總會有優缺點,依此分析報告來做投資決策,要自己承受後果,像選擇住家一樣。

　　有些報告看不懂,就要多花時間去學習。我從化學、半導體製程和研發、電子物理、MMOT、MBA、國際行銷、財務工程、CFP,CSIA到作家之路,這些技能幾乎都是學校畢業後才學得。我喜歡從不同層面來分析一件事,這樣才有立體感。跨領域終身學習不可少,才能判斷報告品質和內容真偽。

　　股票要投資賺錢,甚至要賺大錢:3-2 風險指標「標準差」,要牢記在心;要好好分析 3-3 基本面;3-7 要有能力判斷股價是昂貴或便宜。如果還有能力和時間,其他面向研究,可以讓投資更穩妥。

3-1 擇時或選股
3-2 標準差是評估投資風險的利器
3-3 基本分析:學會看懂財務報表
3-4 技術分析:K 線是基礎
3-5 籌碼分析:看股票在誰手上

第 3 章

想賺錢先分析
如何看公司產業總經

3-6 消息分析:如何正確解讀股市消息?避開市場陷阱
3-7 估價分析:如何降低持股成本
3-8 如何看產業分析——台積電
3-9 台股的大盤指標和領先指標

3-1

擇時或選股

在投資領域中,到底要「由上而下(top-down)」或「由下而上(bottom-up)」呢?在投資股票時,到底要則「擇時(market timing)」或「選股(stock picking)」呢?我們常聽到這些說法,到底有何差別呢?

這兩種投資策略有顯著差異,取決於投資人的喜好,主要是:「由上而下法重視擇時;而由下而上法重視選股。」。無論選擇哪種方法,投資人要根據經驗,最好能靈活應用這兩種策略。但說的比唱的好聽,「靈活應用這兩種策略」,一般人根本做不到。

▌由上而下的投資策略

由上而下的投資策略是:「**從總經開始分析,逐步縮小到特定的產業,最終選擇個別公司。**」

這種方法強調的是「**擇時**」,即試圖通過分析總經(政策、利率、國際貿易、地緣政治)等因素來判斷市場整體趨勢,

並根據這些趨勢選擇合適的產業或地區進行投資。學術圈公認的代表性人物為喬治・索羅斯（George Soros）。

優點是由上而下，要能夠把握全球經濟和市場趨勢。但是，這種方法強調擇時，可能忽略了個別公司的機會。總經因素複雜且難以預測，具有高度的不確定性，錯誤的市場判斷可能導致重大損失。所以適合「市場劇烈變化」時使用，可以根據景氣變化來調整投資組合。

▎由下而上的投資策略

由下而上的投資策略：「從個別公司的基本面開始分析，無論市場整體環境如何，尋找具備內在價值和有潛力的公司。」這種方法強調的是「擇股」，即專注於個別公司的經營模式、競爭力和財報等因素。學術圈公認的代表性人物為巴菲特。

優點是對公司的基本面進行詳細分析，有助於發現被市場低估的公司。很適合長期投資，不在乎短期市場波動，相信公司的價值最終會反應到股價。缺點是忽略總經風險，如果市場整體下跌，「覆巢之下無完卵」，該公司的股價也會受到影響。而個股分析，也需要大量的資料和專業知識。

▎理想的做法

我還不認識巴菲特和索羅斯之前，早就將這兩種策略結合使用。使用由上而下的方法來確定大方向，選擇具有潛力的行業，然後再使用由下而上的方法，在行業內尋找具有競

爭優勢的公司。所以我出社會後找工作，就進入半導體業，股票投資就以半導體為主。從類股中選出有潛力的公司進行投資和成為其公司員工，這樣可以兼顧投資與職業發展。

我們散戶通常學藝不精，又想採取「一步登天、一夕致富」的策略，道聽塗說也不下苦功研究，最後變成「不上不下」的投資策略。一下子「由下而上」，一下子「由上而下」，一下子「擇股」，一下子「擇時」。太多花招同時使用，搞到最後通常是套牢或停損出場，而覺得人生很難。

每個人都想成為股神巴菲特，那就好好遵循他老人家的教誨。他不會害我們，曾多次公開鼓吹投資人應該放棄「擇時」策略，因為不知道市場價格何時會漲，何時會跌，應該要好好研究公司的財報和競爭力。而他的老師班傑明・葛拉漢（Benjamin Graham）也曾在著作中提到：「價值投資人能夠做的，就是算清楚公司內在價值，在有足夠安全邊際的前提下購入股票，然後耐心等待」。

股市長期趨勢向上

因為人類不斷產生新的「需求」，有些聰明人看到需求，創立新公司來解決這些「痛點」，所以也不斷的產出「供給」。

不管是「供給刺激動需求」或「需求拉動供給」，能解決痛點的公司就不斷成長，股價也頻創新高，造成社會不斷的進步和財富不斷的增加。例如，蘋果、微軟、輝達、谷歌、台積電等等，反應到股價，就是趨勢向上，股市指數不斷創新高。

這個財富向上的「長期」趨勢,也不會受到「戰爭或地緣政治」的影響。至少,長期不會,但短期幾天或許會,主要是心理因素。

台灣股市最近 2 年來,也沒有因地緣政治、俄烏戰爭、中東以哈戰爭或中國股市崩盤而受到影響,反而持續創新高。就算中美冷戰持續,全球供應鏈一定要選邊站,騎牆派或選錯邊的下場都會很淒慘。台灣因有半導體和高科技產業支撐,且選擇站在民主國家陣線,所以成為一個富裕的強國。

如果將來有一天,台積電驕傲不思長進,也一定被會淘汰的。因為所有曾經偉大的公司,最後都被掃入歷史的焚化爐裡。但總是不斷地有新創公司冒出來,立志成為獨領風騷數十年的龍頭企業,因為創辦一家成功的巨大公司,創辦人能獲的巨額財富、影響力和歷史留名的機會。30 年前的台塑四寶,呼風喚雨不可一世,現在整個集團總市值,只是台積電一家公司的零頭而已。世代交易,不行的就下台一鞠躬,讓行的來。

Buy&Hold

在「投資網紅」當道的年代,他們過度簡化成:「擇時就等於技術分析,而忽略這是一整套由上而下的投資策略」。很多人都自以為聰明,可以利用技術分析高買低賣,可以永遠打敗大盤。但一般人,只要錯過一年內幾天的起漲點或起跌點,投資績效就差很多,我們也永遠不知道這天何時會降臨。

擇時難,但選股更難。選股就是要分析財報,基本的財報一定要懂,否則就像巴菲特說的:「不懂財報,就不要投資股票。」

　　我們不是學者做研究的,但可以直接拿學者的結論來操作,就是:「投資股票長期而言,報酬率是擇股優於擇時」。我們是要來股市賺錢的,不是來做功德的。好的選股邏輯,要自己看得懂的簡單方法、要有信心。如果可以長期持有績優的好股票,獲利甚至是大幅獲利,是可以期待的。

　　在強調一次,台灣選對人做對事,股市才能長期趨勢向上。最簡單的賺錢策略,就是「長期活在股市中」,買進好股票然後長期持有(Buy&Hold)。結論就是:「**我們永遠不知道熊市何時會到,但是如果擔心熊市 30% 的損失,而放棄牛市 77% 的獲利,是愚昧的。**」

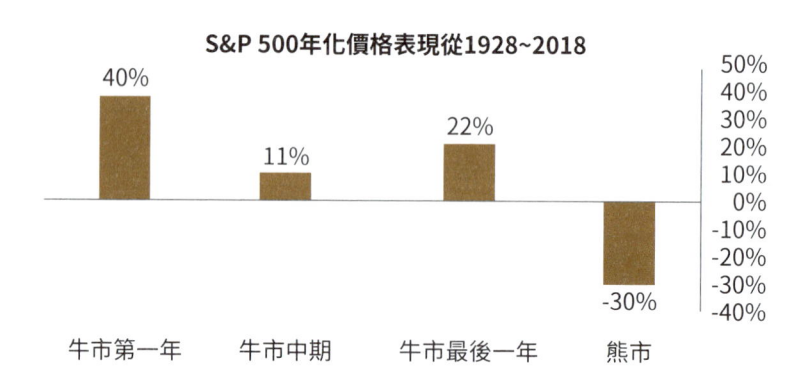

S&P 500年化價格表現從1928~2018

牛市第一年	牛市中期	牛市最後一年	熊市
40%	11%	22%	-30%

S&P 500 價格在 90 年間的變化,牛市占多數。
(參考資料:UBS2019 投資展望說明會,吳家揚整理)

2011年1月18日我退休前時是擇股愛好者，以賺價差為目的，這有其歷史和心理的因素。我不會也不想和股票談戀愛，只要達到獲利目標，年化報酬率10%，就停利出場。以前是上班族，每月會有薪資入帳，採「停利不停損」策略。每當套牢就往下買，不斷降低成本，等到反彈後賣出，平均每年獲利10%不是問題。套牢時很難過，但該斷不斷時，有時反而會付出更大的代價。

　　退休之後，失去本業收入還要大量投資。當現金不夠時，就是要賣股票，不管股票是賺是賠。雖然知道Buy&Hold複利威力很驚人，但就是做不到。2021年9月19日對我是個新的里程碑，之後陸續拿回自己的財產。吃大虧受屈辱要放下很難，但人生總是要往前走，被侵占的巨款也認賠了，和過去的人事物劃清界線。現在我可以開始實踐Buy&Hold策略，也希望你可以選到好股票，然後利用這個策略，早日財富自由。

3-2

標準差是
評估投資風險的利器

「上帝欲其滅亡,必先令其瘋狂。」如果不會評估投資風險,那風險就會將你玩於股掌之間。投資賺到錢只是運氣好,然後覺得自己很厲害,無視風險加大槓桿。但當好運結束後,接下來的投資失利,會將個人甚至家庭帶入黑暗的深淵。

那風險怎麼評估呢?70年前或更久之前,一大堆先驅者逐漸將風險量化,寫成專業投資報告或發表論文,讓我們知曉。而這些先驅者,很多人在30多年前,陸陸續續得到諾貝爾經濟學獎。而「標準差」這3個字,就是評估投資風險的利器。

▍風險評估

諾貝爾經濟學獎自1969年設立以來,已經成為表彰經濟學領域內最重要貢獻,往往對全球經濟體系及其運作方式產生深遠影響。在這些得主中,有相當多的學者對投資理論和風險評估,以及投資人心理學作出了卓越的研究和見解。

第 3 章　想賺錢先分析：如何看公司產業總經

　　哈里‧馬可維茲（Harry Markowitz）專長於金融經濟學，現代投資組合理論（Modern Portfolio Theory, MPT）的開創者。馬可維茲的博士論文主題，選擇以數學來分析股票市場，為 1990 年諾貝爾經濟學獎得主。

　　威廉‧夏普（William Sharpe）專長於金融經濟學，為資本資產定價模型（Capital Asset Pricing Model, CAPM）的奠基者。曾提出夏普指數（Sharpe ratio），為 1990 年諾貝爾經濟學獎得主。

標準差

　　一些劃時代的重要論文，天才，果然是天才，即使過了幾十年，對一般人還是非常難以理解。但略知一二，對我們投資還是有莫大的幫助。這些數學模型，都在使用標準差，已經成為現代投資機構進行資產配置和風險評估的基石。

　　標準差，是考慮一組數據具有近似於常態分布的機率分布。若假設正確：「68.2% 數值分布在距離平均值有 1 個標準差之內的範圍；95.4% 數值分布在距離平均值有 2 個標準差之內的範圍；以及 99.7% 數值分布在距離平均值有 3 個標準差之內的範圍。」

　　標準差的公式很複雜，也不用特別去背它。只要有數字，不管數量有多大或有多少，都可以帶入公式，由電腦計算出來或畫出來。了解基本概念後，細節不懂也沒關係，除非你想成為業內或投資高手，否則我們只要直接拿結果來用就好。

法人都是依據標準差來投資的

「非系統性風險」就是個股風險，可以用分散投資來消除風險。學理上來說，只要分散在「不同屬性」的股票超過 20 檔，就有機會降低投資組合的非系統風險。

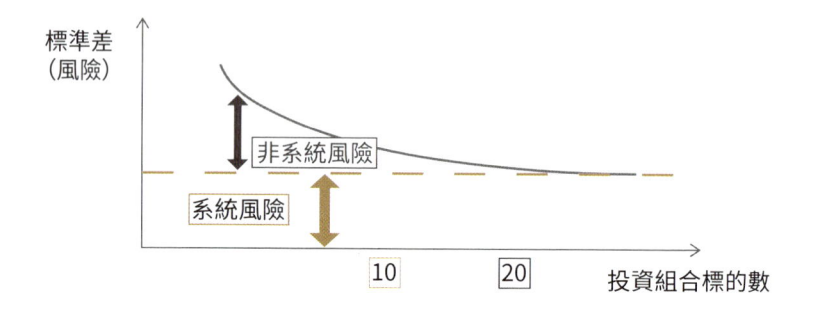

```
標準差
(風險)
        │
        │╲
        │ ╲    ↕ 非系統風險
        │  ╲_____
        │- - - - - - - - - - - - -
        │   ↕ 系統風險
        │_____→
            10      20    投資組合標的數
```

而「系統性風險」是指大盤風險，無法透過分散投資來消除風險，但可以透過資產配置來調整不同資產間的風險承受狀況。例如 2008 年、2020 年和 2025 年股市崩盤時，全部持有股票都跌，大家都逃不掉。但可以藉由「放空：股票、期貨或期指」，彌補持有股票的損失，來降低整體投資風險。

標準差，就是風險，就是波動。波動越大，越不容易「抱緊處理」，而且每天心驚膽跳，不利健康。波動大，雖然賺錢很快也很快樂，但賠錢時必將痛苦萬分，尤其是開槓桿時，肯定是覺得度日如年。財富穩健增長，才是我們要的。

標準差，只要有數字，就可以算出來，就可以畫成你想要的樣子。問題是這些是不是有用的資訊，還是浪費時間而已？答案是：「非常有用。」

幾十年前，國內外法人就用這一套系統了，為什麼我們不趕快學起來？這些知識學校都有教，只是要找到專門的科系。

當投資的系統風險都定好之後，以為萬里無雲時，非系統風險就忽然降臨，狂風暴雨，讓人措手不及。如果平常沒做好資產配置，很容易滅頂，一次就畢業退場了。本來以為學到了風險量化技術，就覺得自己好棒棒。但在 2008 年金融海嘯和 2020 年 COVID-19 還有 2025 年川普「關稅戰爭」時，都無法派上用場，連一大堆經濟學家都無法預測這些大災難。

行為經濟學的崛起

除了投資理論和風險評估之外，近年來的行為經濟學，如雨後春筍般地不斷冒出來，產生許多的諾貝爾經濟學獎得主，也影響政府的金融監管政策。許多國家開始注重市場中投資人的行為偏差，並設立相應的監管機構來防止市場過度波動。

傳統經濟學中的風險評估模型，如 MPT 和 CAPM，通常假設投資人是理性且能夠充分理解和應對市場風險的。但現實中，投資人往往會受到非理性情緒和行為偏差的影響，這促使了行為經濟學的興起。

1979 年，丹尼爾·卡尼曼（Daniel Kahneman）與阿摩司·特沃斯基（Amos Nathan Tversky）共同發表了展望理論。2002 年獲得諾貝爾經濟學獎，並於 2011 年出版暢銷書《快思慢想》。

羅伯特‧席勒（Robert J. Shiller）是全世界影響力前100名的經濟學家，因為對資產價格實證分析方面的貢獻，與尤金‧法馬（Eugene Francis Fama）、拉爾斯‧彼得‧漢森（Lars Peter Hansen）共同獲得2013年諾貝爾經濟學獎。他設計的「Shiller週期性調整本益比」，是將一般的本益比透過過去10年的通貨膨脹與季節因子調整，可以反映較為實質的股價評價，著有暢銷書《金融與美好社會》。

理查‧塞勒（Richard H.Thaler）是行為金融學的最知名的理論家之一，獲得2017年諾貝爾經濟學獎，並在2015年電影《大賣空》中飾演自己，著有暢銷書《不當行為》。

實際應用

現代的金融機構在進行投資決策時，對任何投資標的，不管是股票、債券、基金或衍生性金融商品，會利用量化風險的管理工具VaR模型（會運用標準差），來測量一組資產在一定時間內可能的最大損失。

根據國際清算銀行（Bank for International Settlements，以下簡稱BIS）於1996年所發布巴塞爾修正案中，明訂將市場風險的計算以VaR風險值作為衡量的指標。而VaR風險值最大的優點在於，藉由將公司所遭遇的所有風險彙整成一個數值，讓管理階層能夠簡單明瞭地知道公司資產組合所可能面臨之最大損失。因而近十年來，VaR風險值被大量的接納採用來作為管理市場風險的指標工具。

這些工具基於歷史數據，並假設市場遵循常態分布。然

而,當市場發生極端情況時,這些模型可能失效。單純依賴數學模型,可能會忽視投資人行為和情緒帶來的風險。理解行為中的心理偏差,可以避免一些常見的錯誤,如過度自信、追逐短期市場波動或恐慌性拋售。

金融機構採用經濟行為學的理論,引導投資人建立長期投資策略,幫助克服情緒波動和行為偏差。例如「自動化定期定額投資」,投資人可以減少因短期市場波動而進行頻繁操作的衝動,從而提升其長期投資回報。

哈里‧馬可維茲和威廉‧夏普提供了量化風險與收益的工具;而丹尼爾‧卡尼曼、羅伯特‧席勒和理查‧塞勒則揭示投資人行為中的非理性因素。風險評估和投資心理學的結合,將繼續推動金融市場的進化,馴服風險,使其更加穩健和可持續發展。

這些諾貝爾經濟學獎得主們的著作等身,有興趣的讀者可以買書來看。終身學習是保命符,馴服風險,讓財富穩健增長,才是最終目的。

延伸閱讀

1. 維基百科 ⇨ 「哈里‧馬可維茲」、「威廉‧夏普」、「丹尼爾‧卡尼曼」、「羅伯特‧席勒」和「理查‧塞勒」
2. 元富證券 ⇨ 市場風險管理

3-3
基本分析：
學會看懂財務報表

　　IFRS 於 2013 年 1 月 1 日全面導入，有些專有名詞在 IFRS 上線後被更名，例如：「資產負債表」正名為「財務狀況表」，「股東權益」正名為「權益總額」。但本文還是沿用大家習慣的說法，而非正式官方用法，初學者比較容易理解。

　　會計不難但很繁雜也容易造假，枯燥乏味的工作，讓絕大多數人避之惟恐不及。正確解讀財報很難，我們如果不努力學習會計和財報的基本知識，跟上時代潮流的話，很容易被財報騙。只要公司是正直經營，會計不刻意作假帳，數字和財報正確無誤，我們還是可以從複雜渾沌的數字和報表中，找到基本的規則，讓我們避開股市陷阱，從買賣股票中獲利。

　　會計歸納分類為五大要素：「資產、負債、權益、收益和費損」。流程為：交易分析 ⇨ 分錄 ⇨ 過帳 ⇨ 試算 ⇨ 調整結帳 ⇨ 編製財務報表。

　　這些冗長的過程，專業人士都幫我們處理好了。我們就

第 3 章　想賺錢先分析：如何看公司產業總經

從學習看財務報表開始,找到股票投資賺錢的樂趣。

「資產、負債和權益」構成資產負債表,而「收益和費損」構成綜合損益表。收益,又分為收入和利益。收入是預期會流入的,而利益具不確定性。費損,又分為費用和損失。費用是預期會流出的,而損失具不確定性。

公司財報有四張表:資產負債表(存量)、綜合損益表(流量)、現金流量表(流量),和權益變動表(流量)。公司財報是經營階層對董事會負責(屬於內部使用的管理會計,不用遵循特定標準),而上市櫃公司財報更要公開讓股東或政府或債權人檢視(屬於外部使用的財務會計,要符合會計準則的法律規定),變得很複雜且不容易了解。

談到財務報表大家都會避之唯恐不及,但巴菲特認為:「每天至少要讀 500 頁財報且要花 80% 的時間在思考和閱讀上,這是基本功。如果看不懂財報,就應該遠離股票市場。」

本章節來了解基本的定義,例如 3 率、五力分析、EPS(每股稅後盈餘)、ROA(資產報酬率)、ROE(股東權益報酬率)、P/E(本益比)和 P/B(股價淨值比)是什麼?還有更最重要的,如何評價股票是貴或便宜,要怎麼挑到好公司來投資?

別被財務報表嚇跑,兩張圖快速學會基本功

請記得底下這張圖:

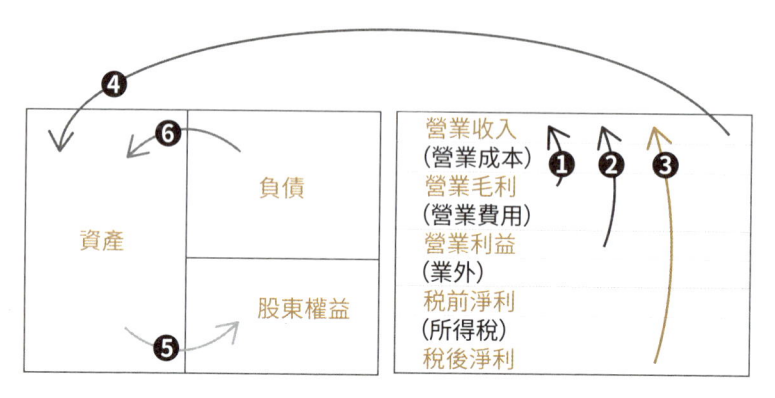

```
┌─────────────────────┐   營業收入
│         負債        │   (營業成本)
│  資產               │   營業毛利  ❶ ❷ ❸
│         ┌──────────┤   (營業費用)
│         │ 股東權益  │   營業利益
│         │          │   (業外)
└─────────┴──────────┘   稅前淨利
                         (所得稅)
                         稅後淨利
```

❶ 毛利率 ❷ 營業利益率 ❸ 稅後淨利率 ❹ 資產周轉率 ❺ 財務槓桿乘數 ❻ 負債比率

先簡化資產負債表和綜合損益表,然後將這兩張示意財務報表放在一起。

資產負債表顯示:「資產=負債+股東權益」,這是會計恆等式。

綜合損益表最上方為營業收入,然後往下依序為營業成本、營業毛利、營業費用、營業利益、業外、稅前淨利、所得稅,然後是稅後淨利。營業收入-營業成本=營業毛利。營業毛利-營業費用=營業利益。營業利益-業外=稅前淨利。稅前淨利-所得稅=稅後淨利。

綜合損益表顯示:3率(毛利率、營業利益率和稅後淨利率),3率3升才是我們要的。

財報很複雜,但我們可以用簡單的圖示,讓自己很快上手。請先將這兩張報表中的重要的會計項目、相對位置、箭頭方向和數字,牢牢記住。即使還不知道這是什麼,有什麼好處,光是這張圖就可以變出一些應用項目幫助我們了解公司財務狀況。

再記得第二張圖:

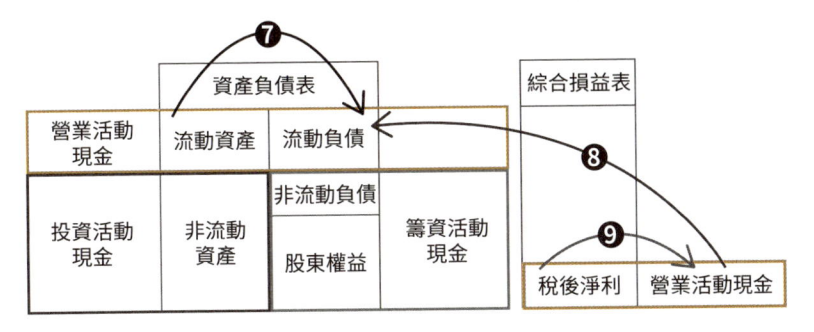

❼流動比率 ❽現金流量比率 ❾盈餘品質率

資產和負債又可區分為流動和非流動,以一年為區分。「流動」通常指一年內,而「非流動」為一年以上。

現金流量由三大成分組成:營業活動現金、投資活動現金和籌資活動現金。這張圖,除資產負債表和綜合損益表之外,再加上現金流量表,列出三張財務報表的相對關係。

五力分析

我們常聽到財報五力分析,到底是什麼?五力是指:
A)財務結構分析;

B）償債能力分析；

C）經營能力分析；

D）獲利能力分析；

E）現金流量分析。

箭頭方向是「除以」的意思：1 是「營業毛利÷營業收入」=「毛利率」。類推：2 是「營業利益÷營業收入」就是「營業利益率」；3 是「稅後淨利率」；4 是「資產周轉率」；5 是「財務槓桿乘數」；而 6 是「負債比率」。7 是「流動比率」；8 是「現金流量比率」；9 是「盈餘品質率」。

1、2 和 3 就是 D 獲利能力的重要項目，數字越大越好；而 5 也是 D 的重要項目，但數字大小依經營能力而定；4 是 C 經營能力的重要項目，數字越大越好；6 是 A 財務結構的重要項目，原則上數字越小越好。7 是 B 償債能力的重要項目，數字越大越好；8 和 9 是 E 現金流的重要項目，數字越大越好。雖然原則如此，但最終還是以公司經營策略和產業別而定。

五力分析是財報分析中最基本的項目，可以看出公司的營運狀況是否健康、是否具競爭力、公司財報是否做假、是否值得買進。

進階項目 ROE 和 ROA（杜邦方程式）

ROE 是衡量公司利用股東權益創造利潤的能力，反映公司為股東創造回報的效率。股東權益報酬率 ROE 的定義為：稅後淨利÷股東權益＝（稅後淨利÷資產）×（資產÷股東權益）＝（稅後淨利÷營業收入）×（營業收入÷資產）×（資產÷股

東權益）=3×4×5。

ROA 是衡量公司利用其總資產創造利潤的能力。資產報酬率 ROA 的定義為：稅後淨利÷資產=（稅後淨利÷營業收入）×（營業收入÷資產）=3×4。所以 ROE=ROA×5。

簡單來說，**ROA 是指實際獲利入口袋的錢**，而 **ROA 是指賺錢的能力**。

股票評價 P/E 和 P/B

每股淨值 B= 股東權益÷流通在外股數；每股盈餘 EPS= 歸屬於母公司業主之損益減去特別股股利÷普通股加權平均流通在外股數。B 和 EPS，越大越好。

股價 P，除以 B 就是「市價淨值比 P/B」。股價淨值比是衡量公司股價與其淨資產價值之間的關係，反應市場對公司資產價值的認可程度。

股價 P，除以 EPS 就是「本益比 P/E」。高本益比表示市場對該公司未來的前景看好，願意支付更高的價格來購買該公司的股票。而低本益比，則可能代表市場對該公司未來的盈利能力不抱太大期望。

P/B 比較真實，P/E 比較容易造假。

如何選出好股票

EPS 越高，表示公司獲利能力越好，越能夠為股東創造更高價值。EPS 的增長率，是關注的重要指標。如果一家公司能持續提高 EPS，代表公司有良好的發展潛力。一定要選

EPS 長期大於 0 的公司。

當 3 率 3 升，股價通常會有好表現。反之，3 率 3 降，股價就會很慘。3 率的增長率，也是要關注的重要指標。可以長期維持高毛利的公司，表示進入門檻越高，公司護城河越寬廣，越不容易被取代。最好選毛利率大於 30% 的公司。

值得投資的公司在「營業活動現金＋投資活動現金」，一定要長期為正才行。

ROE 是巴菲特最愛的項目之一，他曾表示：「如果財報中只能選一個參數，會選 ROE。」ROE 長年大於 20% 的公司，才有機會放入巴菲特的買股名單內。

假設 A 公司股價 300 元：

1）每股淨值為 100 元，P/B=300÷100=3 倍，表示市場願意以每股 3 倍於其資產價值的價格來購買該公司的股票。

2）每股盈餘 EPS 為 30 元，P/E=300÷30=10 倍，表示買進股票後需要 10 年才能回本。

投資人可以透過以上計算很簡易判斷股票估值，而決定買入或賣出哪些股票。

選股提醒

較高的 ROA，表示公司能夠更有效地運用其資產，創造更高的回報。較高的 ROE，表示公司能夠有效利用股東資本，創造更高的回報。但 ROA 和 ROE 光看公式就很難，投資人在使用 ROA 和 ROE 時應與同業進行比較，並結合其他指標一起考量。

較低的 P/B 值通常表示該公司股票被低估，較高的 P/B 值通常表示該公司股票被高估。然而，P/B 值的高低與公司所處的產業和資本結構，有密切相關。

P/E 不是評估公司價值的絕對指標，它應該與同業進行比較，並考慮市場的整體狀況和公司所處的發展階段。例如，成長型公司通常會有較高的本益比，因為市場預期未來的成長率較大。而成熟型公司則可能擁有較低的本益比，因為其成長率較小。

財報數字是和自己公司內的前後期數據比較，或和同業比較，才有意義。否則「橘子比香蕉」，亂比一通是毫無意義的。上市櫃所有公司財報，都會公布在公司網站或公開資訊觀測站，很容易查詢。「只要關心財報數字，是不是持續進步？如果是的話，就買進並持有，不是就賣出。」選股邏輯，就是這麼簡單，平凡無奇且枯燥。

財報要學的要注意的還很多，本文只是幼幼班的程度。但如果你可以澈底了解文中的意義，並嚴守本文中的提醒，沒提到的或不懂的就不要碰，還是有機會可以選出好股票並從中獲利。

地雷指標

我們都不喜歡選到地雷股，但地雷股長成甚麼樣子？
1）營業活動現金和自由現金流量長期為負。
2）突然變換簽證會計師或高階主管。
3）各項重要財務指標，由左到右趨勢向下。

當確定買到地雷股時，因有人為操縱的因素，雖然股價不一定馬上會反應，最好當機立斷地賣出，即使賠了大錢。如果見報了，通常都是無量跌停 N 根停板，然後打開幾天後，就下市櫃不見了。例如：勝華、樂陞、博達等。

看懂財報的好處

財報很容易作假，可能一段時間之後，才會由內部吹哨人或簽證會計師引爆。正直的公司，財報才具可靠性。

針對基本財務資資訊，手機 APP 和網站也可隨時查閱，都將數字表格化和圖像化，很容易比大小看趨勢。對於不合理的數字增長，要有警覺性。不可諱言，財報是落後指標，但財報也是照妖鏡，可以避開地雷股。

3-4

技術分析：
K線是基礎

　　任何投資包含股票、期貨和外匯等等，盤中都會記錄：買進、賣出、成交價、成交量、最佳 5 檔的委賣價和委賣價等等資訊。而開盤價、最高點、最低價、收盤價和成交量，則會拿來進一步存檔並分析。

　　如果直接看數字，一定會昏頭轉向，陷入腦死的狀態，因為腦袋無法短時間處理這麼多的資訊量。但如果藉由一些手法，將數字畫成圖形，就方便我們判讀和做決策，這就是技術分析的目的。技術指標能幫助投資人透過圖表和數據，掌握市場情緒、股票價格的波動情況，從而做出更理性的投資決策。

　　技術分析，先要了解定義，才能知道它有沒有用或是好不好用。技術分析很多，本文將舉一些常用的例子來說明。公式有的也很複雜，就不列了，有興趣的讀者自行去看延伸閱讀。

技術分析的方法

K線圖，有用的指標，是所有技術分析的基礎。

K線由四個價格數據組成：開盤價（Open）是當日交易的第一個價格；收盤價（Close）是當日交易的最後一個價格；最高價（High）是當日交易過程中的最高價格；最低價（Low）是當日交易過程中的最低價格。

K線的顏色通常分為陽線（上漲、紅色）和陰線（下跌、綠色）。陽線表明收盤價高於開盤價，而陰線則表明收盤價低於開盤價。K線的實體部分代表開盤價和收盤價之間的差距，而上影線和下影線分別代表最高價和最低價的範圍。

可以觀察K線的形態，來判斷市場的走勢變化。例如，連續的陽線可能預示著市場的強勢，而連續的陰線則可能顯示市場的疲軟。

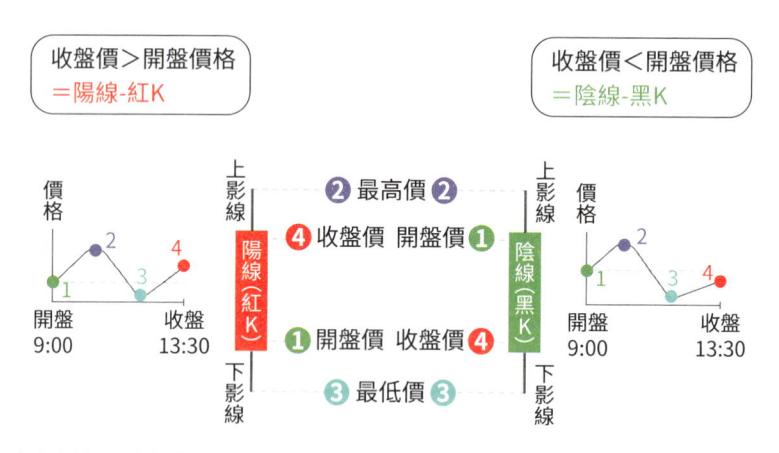

參考資料：玉山證券

移動平均線（MA） 是有用的指標，外資法人和長期投資人常用。

MA 的計算方式，在某個時間段內的收盤價總和除以該段時間的天數。例如，5 日移動平均線（MA5）就是將過去五天的收盤價相加後除以 5。

它是通過計算某段時間內的平均價格來繪製曲線，看盤軟體常見的有 5 日、10 日、20 日、60 日、120 日、240 日的移動平均線。

MA5、MA10 為短期均線；MA20、MA60 為中期均線；MA120、MA240 為長期均線。當均線「短期＞中期＞長期」時，即代表價格趨勢偏多，又稱「多頭排列」；反之，若均線「短期＜中期＜長期」時，即代表價格趨勢偏空，又稱為「空頭排列」。

MA 可以識別長期和短期的趨勢。例如，當短期 MA 穿過中期和長期 MA 向上時，稱為「黃金交叉」，通常被視為買入信號；而當短期 MA 穿過中期和長期 MA 向下時，稱為「死亡交叉」，通常被視為賣出信號。

最重要的參考線為 MA60（季線）及 MA240（年線）。年線為多空頭市場的分界點，而國內上市櫃公司財報每一季公布一次，所以季線也相當重要。

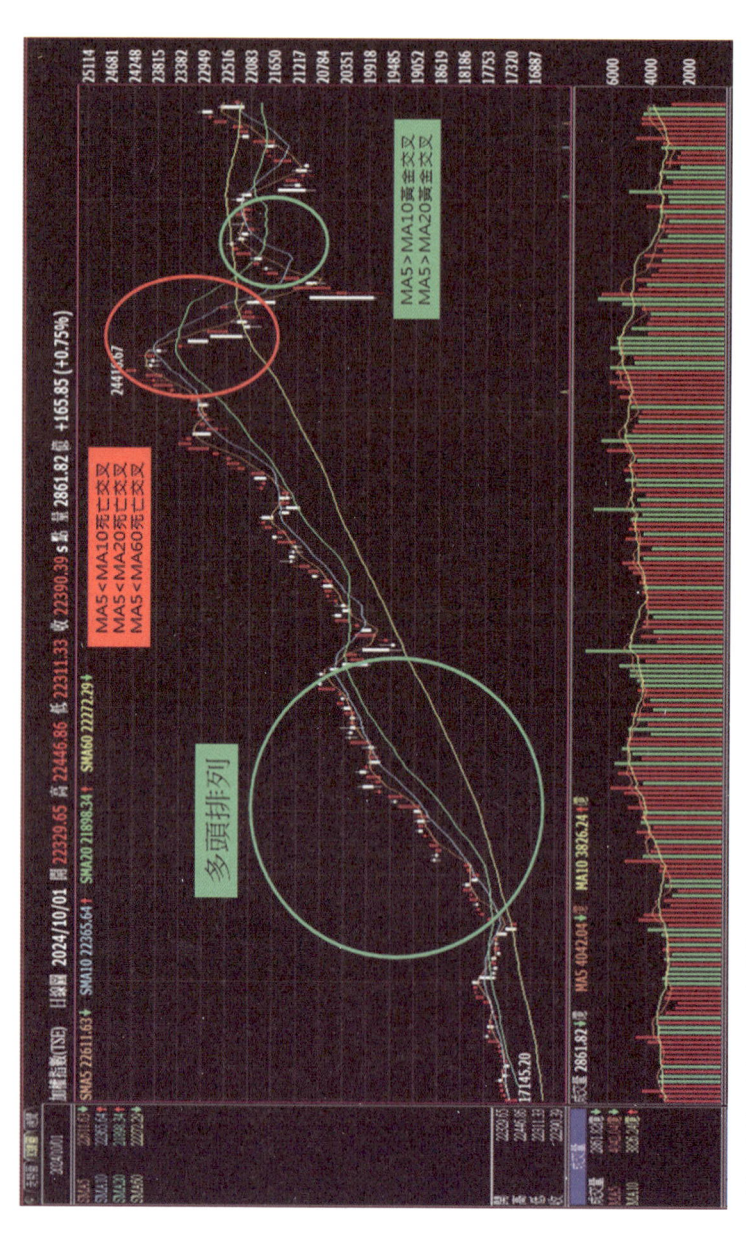

股市大崩壞，照樣穩穩賺：用對策略、選對標的、逢低買進，迎接財富再分配

(參考資料：富邦 e01，加權指數日 K 圖：2023/11/28-2024/10/1)

第 3 章　想賺錢先分析：如何看公司產業總經

布林通道（Bollinger Bands）也是一項有用的指標。

幫你回憶一下：「3-2 標準差是評估投資風險的利器」。

布林通道是由約翰·包寧傑（John Bollinger）在 1980 年代發明的技術分析指標，布林通道從「移動平均線」跟「標準差」的兩大基礎概念，找到股價趨勢要向上突破，還是向下反轉的指標。不論標的股價如何變動，最終都會回歸到布林通道的範圍內，若遇到行情即將反轉，某檔標的會突破布林通道的範圍，展開一個新趨勢。

由三條線組成：中軌（MA20）；上軌＝中軌 +2 個標準差；下軌＝中軌 -2 個標準差。

當股價接近上軌時，可能超買，通常當作壓力線。當股價接近下軌時，可能超賣，通常當作支撐線。當股價突破上軌或下軌時，通常預示著市場可能會出現強烈的價格變動。

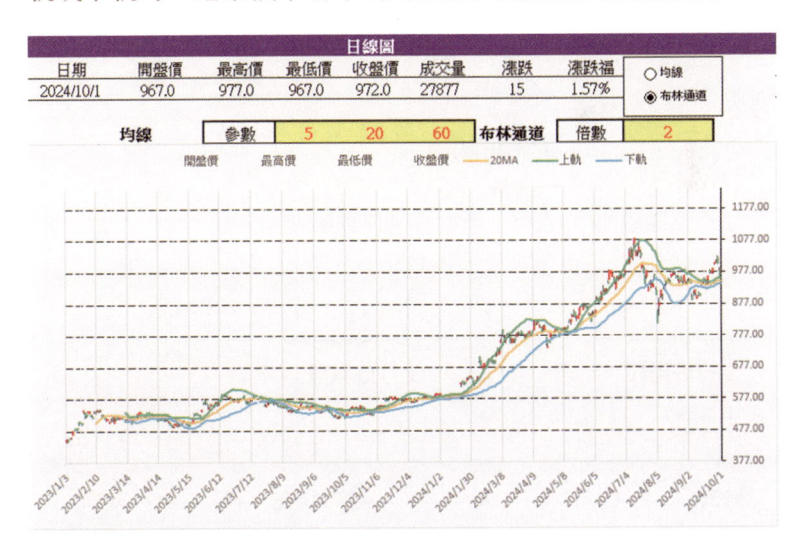

日期	開盤價	最高價	最低價	收盤價	成交量	漲跌	漲跌幅
2024/10/1	967.0	977.0	967.0	972.0	27577	15	1.57%

（台積電日 K 圖，資料數據：2023/1/3~2024/10/1）

其他還有「葛蘭碧八大法則」、「指數平滑移動平均線（EMA）」、「KD 指標」、「RSI」、「一目均衡表」和「斐波那契回調」等，不要當真。。

▌技術分析有用嗎？

技術分析的各種線圖中，個人認為「K 線圖」、「移動平均線 MA」和「布林通道」，對我才有幫助。有些因為下單系統或看盤軟體，會順便畫出來，就一起看了，但幫助不大。如果要自己處理數字畫圖的，就直接放棄了。

技術分析中的數據，都是歷史資料，我們可以輕易地從圖中看出：**「哪裡是高點應該賣出，哪裡是低點應該買進。」** 但市場是即時的，過去資料無法反應未來的情況。很簡單的問自己，明天、後天、下週和下個月的行情是漲還是跌，如

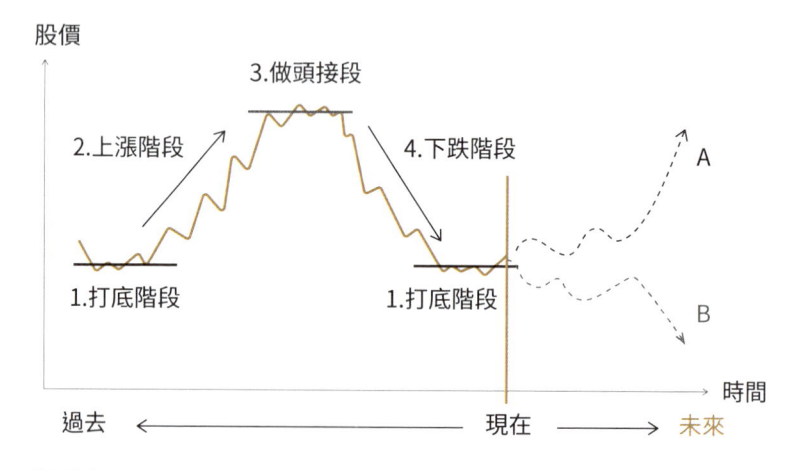

從數據畫出股價波動，也無法判斷未來趨勢走向 A 或 B。

果你的答案,和未來發生的行情一模一樣,你就可以相信技術分析。

如果投資只看技術分析,對實際投資績效沒有幫助。因為主力知道你的伎倆,這些圖就是他們畫出來騙你的,而散戶通常也會上當。技術分析,數字都已經圖像化了,忘記或不知道定義和公式也無所謂,因為你不用自己算或自己畫。大多數投資人會想花錢去學如何判讀,希望一夕致富。自以為能從技術分析獲利的人,只是少數運氣特別好的人,且和技術分析無關。

技術分析學術界將之稱為「畫畫派」,學者們告訴你這些東西沒用,好像拿著水晶球在算命一樣,認為沒什麼用處,因為每個人的解讀都不同。技術分析對中小型股不適用,因股本小容易受到有心人操控。超大型個股或指數,或許因外力干擾的機率比較小,比較適用,但也絕不是坊間出版品或本文中的這幾招就能應付。

至於「開盤八法」、「波浪理論」和「形態學」等等一大堆技術分析,我進入股市快 40 年了,因為資質駑鈍至今還沒學會,所以就不提了。這些東西考試可能會考,但毫無邏輯可言,連發明的祖師爺,經過多年後也認錯了,我建議你不要浪費時間學這些。但畢竟有少數人號稱可以靠技術分析賺到大錢,如果你的意見和我不同,你一定是對的,請堅持下去。

財報是基礎,雖然是後視鏡,股價反應可能落後 3~6 個月,但也是照妖鏡,避免踩到地雷股,好好學習看懂財報就夠了。

> **延伸閱讀**
>
> 1. 2023/08/16 玉山證券 ⇨ 技術分析是看圖說故事？能實戰的 K 線、均線全解析
> 2. 2021.07.21 工商時報 ⇨ 移動平均線 MA 是什麼？與 EMA 哪種比較好？
> 3. 2023/11/06 豐雲學堂 ⇨ 布林通道是什麼？布林通道應用教學｜新手技術分析
> 4. 2023/01/12 STOCKFEEL ⇨ 葛蘭碧八大法則是什麼？如何運用？葛蘭碧八大法則注意事項！
> 5. 統一期貨 ⇨ 技術分析 -MACD 指標
> 6. 2023/10/06 豐雲學堂 ⇨ KD 指標怎麼看？ KD 黃金交叉是什麼意思？新手技術分析
> 7. MoneyDJ ⇨ RSI 指標
> 8. 維基百科 ⇨ 「斐波那契回調」和「一目均衡表」
> 9. 2016/08/24 STOCKFEEL ⇨ 顛覆你的認知：你真的了解技術分

3-5

籌碼分析：
看股票在誰手上

　　巴菲特曾說：「如果你已經在賭桌上玩了半小時，仍不知道誰是待宰羔羊，那麼你就是那隻羔羊。」這與股票市場的不謀而合。像在賭場中一樣，大戶桌前的籌碼總是特別多，一目了然和一覽無遺，贏面大雖然不一定穩贏。

　　每天下午 3 點，證交所會固定公布法人買賣超金額，這項數據是台灣最受關注的籌碼面資訊，也造就了不少「會算籌碼」的投資高手。除證交所外，櫃買中心和券商官網，也可以查到相關資訊。

▎台股三大法人

　　在台灣的股票市場中，我們常聽到「三大法人」，到底三大法人是什麼？

　　在法律中，將人分為兩種，一是自然人、一是法人。自然人是指一般人，包含你我他，擁基本人權。法人則是指營利組織機構、公司，是法律上賦予權力的團體。台灣股票市

場的三大法人「外資、自營商和投信」，是用法人機構名義投資的人。外資是台灣以外的國外機構投資者；自營商是證券公司的投資部門，用公司資金來投資；投信就是國內的基金公司，又稱為投資信託股份有限公司。這三種類型的投資人有著非常不同的操作習性。

一般來說自營商是三大法人當中相較不具參考價值的，操作風格偏短線。外資看法則是偏向基本面，因此操作週期以中長線為主；比起現貨，外資在期貨與選擇權上的布局，相對更值得作為中短期的參考依據。投信的買賣進出則是被認為值得參考的指標，原因是它們在有績效壓力的背景下，鎖定的個股多為中小型的股票，較容易產生行情。由此可知，三大法人因手握資金大，對大盤漲跌有著一定的影響，只可以拿來當作參考，但不能完全遵循。

不過需留意的是，外資的構成其實非常複雜，有一些是海外共同基金、ETF、避險基金、自營商，也有本土資金透過外資券商下單，俗稱「假外資」，並無法直接從數據判斷。至於假外資應該如何判別呢？若投資人看到中小型個股出現外資籌碼買超（股本在50億元以下），又過去外資常常在這檔股票進行隔日沖（一天大買、一天大賣），投資人買到這種股票時，就要留意股價短線可能在急漲後出現回檔*。

投信買賣超以金額為主，而非張數。投信買股受到限制，一檔個股占基金總部位的比重不得超過10%。除參考個股財報外，也會分批進場而不會一次買滿。如果投信對單一個股

---

*註：回檔：交易市場中某檔股票，連續上漲後，買盤力道漸弱，使得股價下跌。

持續買進，越買越多，表示非常看好，可列入追蹤名單。如果投信開始增加電信三雄的股票，表示看壞後市。中小型股可看投信籌碼，而大型股要看外資和政府基金的籌碼。

籌碼分析

技術分析有許多騙線，相較之下，籌碼分析比技術分析更容易掌握漲跌。籌碼是白花花的銀子堆疊出來的，不容易做假，而籌碼就是大戶操控個股的基石。籌碼分析後可透過圖表顯示，投資人持有的股票數量和不同價格區間的分布情況，可以了解目前市場中主要的資金動向。所有數據都可以畫出常態分配圖，籌碼和股價都行。

籌碼分布的類型：
1）單峰。股價方向也較為明確。
2）雙峰。未來股價可能面臨大幅波動。
3）多峰。籌碼分散。
4）梯形。籌碼逐漸往新的價格區間移動。

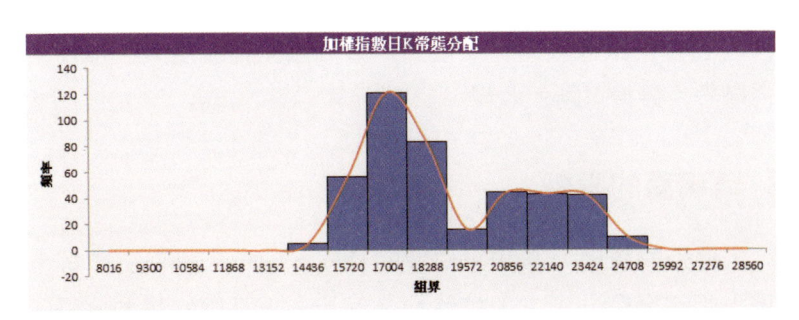

(資料數據：2022/12/9~2024/9/30)

籌碼集中度的意義：

1）高度集中。暗示市場主力已經介入。若股票上漲，說明主力看好該股未來走勢；若股票下跌，則需警惕主力出貨。

2）籌碼分散。投資人難判斷市場主要資金的動向。

「集保戶股權分散表」是一個好工具。可以查閱大小股東的股權分散情況，收集到這些數據之後，自己畫圖畫表就很清楚籌碼的流向，來增加勝算。長期作圖追蹤，若籌碼從散戶流向大戶，股價上漲；反之，從大戶流向散戶，股價下跌。

從公開資訊觀測站，也可以查到股權分散表和股東結構的訊息，但這張表係揭露召開股東會停止股票過戶期間之資訊，所以一年才更新一次。

籌碼也可以更往下細分為各券商分點的買賣超，分點進出適合「重視籌碼分析者」和「短線進出者」。

融資增加但三大法人賣超時，通常代表散戶進場，籌碼從大戶轉到散戶，這時候股價通常會下跌。

當大戶釋放特定消息，對公司未來不看好，會先選擇融券放空。融券異常增加後，股價通常會下跌。經媒體報導散戶看到後也跟進放空，然後大戶會刻意拉抬股價天天漲停，使融券戶最後以斷頭收場。

籌碼面的限制

透過對籌碼分布和集中度的分析，投資人可以更了解市場中的資金動向、主力控盤情況以及未來股價的趨勢。籌碼分析不是獨立的分析工具，最好與其他的分析手法結合，來

提高投資決策的準確性。

再三強調「選股」還是要以基本面為主，再輔以技術面、籌碼面或消息面，千萬不要本末倒置。公司財報持續好，股價自然會上漲，技術面、籌碼面或消息面，最後也會跟上。就像「主人與狗」一樣，主人就是基本面，狗就是技術面、籌碼面或消息面，狗在主人面前來回奔跑，一下子在前，一下子在後，最後狗還是要和主人同步一起回家的。

有時候，我們發現三大法人都在賣股票，但股價不跌反漲，為什麼？因為籌碼可能流進「其他法人」的口袋了。例如四大基金（郵匯儲金、勞保基金、勞退基金及公務人員退撫基金）、國安基金、保險公司和銀行等等，這些屬於法人但不是三大法人。法人並不需要每天公布買賣超資訊，但在每週一次更新的「集保戶股權分散表」，會將結果顯示出來。因為現在所有上市櫃和興櫃股票，全部強制集保。

投資股票要賺錢，很少人有能力靠短線賺到錢。一般人，都是長期持有好股票，才能賺到錢。**我們也不用太在意每天的籌碼分布，只要一段時間追蹤即可。**

> **延伸閱讀**
>
> 1. 2024/03/05 豐雲學堂 ⇨ 一文掌握三大法人是什麼？怎麼解讀法人買賣超？
> 2. 2023/08/16 玉山證券 ⇨ 淺碟市場的操作策略你不可不知的三大法人
> 3. 2023/04/19 STOCKFEEL ⇨ 分點進出是什麼？券商分點進出查詢？股感教你追蹤大戶分點動向！
> 4. 2021/08/16 STOCKFEEL ⇨ 【籌碼分析教學】EP1 簡介、三大法人、融資融券判讀
> 5. 2021/08/19 STOCKFEEL ⇨ 【籌碼分析教學】EP2 隔日沖現身？大戶持股怎麼看？
> 6. 證交所 ⇨ 交易資訊 ⇨ 三大法人 ⇨ 三大法人買賣金額統計表
> 7. 櫃買中心 ⇨ 上櫃 ⇨ 交易資訊 ⇨ 三大法人 ⇨ 三大法人買賣明細資訊
> 8. 臺灣集保結算所 ⇨ 資料查詢／統計 ⇨ 股務查詢 ⇨ 統計資訊 ⇨ 集保戶股權分散表
> 9. 公開資訊觀測站 ⇨ 基本資料 ⇨ 股權分散表

3-6

消息分析：
如何正確解讀股市消息？
避開市場陷阱

許多投資人仍習慣打聽「名牌」買股票，這與過去社會風氣盛行的六合彩文化相似。然而，投資股票需要綜合考慮總經、政策、財報、市場情緒與產業變動，避免單方面解讀，才能做出合理的決策。

總經數據對股市的短期影響

美國公布的經濟數據（如 GDP 成長率、非農就業、CPI、10 年期公債殖利率、VIX 恐慌指數等）會短暫影響市場，但除非趨勢持續惡化，否則對長期投資人影響不大，主要影響短線交易者與衍生性金融商品投資人。

如何判斷市場消息的真偽？

法說會消息：誠信企業的高層通常提供真實資訊，但若是有心人士釋放的消息，則須小心。

查證來源：誠信公司的正直經營者，在法說會透露的消

息,基本上為真。如果是有心人士釋放的消息,通常為假。真假新聞,可以從「法務部調查局 ⇨ 假訊息查證參考資料 ⇨ TFC 台灣事實查核中心和 Line 訊息查證」來分辨。若特別針對股市,可以從「公開資訊觀測站 ⇨ 重大訊息與公告」來查詢。

公司財報與企業形象如何影響股價?

財報公布與造假風險

業績未達預期:若公司公布財報不如市場預期,股價可能下跌。財報造假案例:例如群聯、博達科技、樂陞科技等企業,因造假被判刑甚至下市,投資人血本無歸。

公司形象與經營者動向

負面新聞影響股價:如富士康的工人自殺事件、力晶集團重整、企業併購失敗,都可能讓股價大跌。

經營者形象:從應該上《時代雜誌》封面的人,變成社會新聞或八卦版的主角,代表企業可能出現經營問題。

法說會訊息:若公司高層在法說會中態度樂觀,卻同時大舉賣股,就要留意可能有「開法會」(畫大餅)疑慮。例如:台積電說好,通常是真的好,甚至更好。大立光說不好,那真的就是不好。

重大事件影響股價,資訊透明是關鍵

公司重大訊息的公告機制

所有可能影響股價的重大事件,上市公司必須在公開資訊觀測站公告,甚至召開記者會說明。通常這些公告會在股市收盤後發布,隔日開始暫停交易。

重大併購與市場影響案例

台積電的併購策略(2000年7月7日):合併德碁半導體與世大積體電路,後來台積電選擇不靠併購,而是自主壯大。

統一集團併購案:頻繁出手收購各類資產,擴大版圖。

日月光與矽品的併購戰(2016年):從惡意併購演變為正式合併,最終日月光投控(3711)成為全球封裝龍頭。

國巨私有化失敗案(2011年):聯手私募基金 KKR 欲將國巨下市,卻遭投審會駁回。

不斷地減資再增資(洽特定人),屠殺散戶。有不良紀錄的如國巨(2327)和南亞科(2408)等。

中國紫光趙偉國收購案(過去 vs. 現在):曾意圖收購聯發科與台積電,最終紫光破產,趙偉國認罪並消失。

市場對消息的反應不一

部分消息會立刻影響股價,如突發性利多或利空。

有些事件股價反應較慢,最終還是回歸財報與企業基本面。不必急著追高或殺低,因短線漲跌最終會回到「合理價」。

公司大股東與內部人的動向（短線交易）

大股東買賣股票，釋放哪些訊號？

高層買股，通常代表公司前景樂觀（如台積電、宏碁）。

大股東賣股，可能引發市場擔憂，導致股價下跌。

內部人交易規範

內部人（董事、監察人、經理人、大股東）賣股，須依法申報，每日賣超過 10 張需先申報，否則違法。

短線交易獲利須歸入公司：內部人短線交易獲利必須歸還公司，以防內線交易。

短線交易常見，但風險大，市場波動大時容易虧損。

內線交易：風險與法律規範

內線交易的定義與風險

內線交易（證券交易法第 157-1 條）：內部人或相關人士利用未公開的重大資訊買賣股票，即構成內線交易。

18 小時規則：內線消息公開後 18 小時內不得交易，違者可能被處罰。

內線交易案例與警惕

2024 年爆發的可成（2474）內線交易案，導致股價劇烈波動，短期內公司股價受影響。內線消息真假難辨，小心誤信假消息被詐騙。

延伸閱讀

1. 2016/06/01 今周刊 ⇨ 罹病內幕・神祕餐會・半導體國家隊新台灣狼張虔生
2. 2023/07/02 aliva ⇨ 矽品林伯文的棋魂人生：一天十盤圍棋、砸數億育才，台灣職業棋士重要推手
3. 2021/07/10 財訊 ⇨ 紫光風暴1 ⇨ 曾狂言買下台積電、併購聯發科！中國紫光集團破產重整⋯揭祕紫光侵台內幕
4. 2023/09/29 yahoo! 新聞 ⇨ 曾誇口要買下台積電陸紫光前董座趙偉國涉貪60億認罪
5. 臺灣證券交易所 ⇨ 法規分享知識庫 ⇨ 上市公司及其董事、監察人與大股東應行注意之證券市場規範事項（2012/07 修正）⇨ 公司治理
6. 2024/07/18 自由時報 ⇨ 可成科技爆內線交易董事長洪水樹夫妻撈千萬遭約談

3-7

估價分析：
如何降低持股成本

　　覆巢之下無完卵，用基本面選股時，如果大盤很差個股當然也難逃一劫。用財報選股的好處，是讓你有信心在超跌時進場，或是套牢時可以長抱。還有更最重要的是，如何評價股票是貴或便宜，要怎麼挑到好公司來投資？

　　當市場評價太貴，就該賣股票；反之，則買股票。本文來談幾個常見的股票估價法，目的就是要想辦法「買低賣高」，就這麼簡單。但是一般人都做不到，因為市場氣氛和心理素質不斷影響我們的判斷。

　　基本面是利用財報和產業分析，研究公司的價值，自己要有能力估算出股票是貴還是便宜，可以利用 P/E 和 P/B 來評估；技術面是利用過去的股價，來預測未來的漲跌，可利用移動平均線和標準差做預測。籌碼面是看主力的動向，可參考集保戶股權分散表。看消息面，則要有本事分辨真偽判斷能力。

歷史回顧

1988 年 9 月 24 日下午，財政部長郭婉容宣布股票交易要從 1989 年元旦開始課徵證所稅，1988 年 9 月 26 日起台股無量下跌連續 19 天。後來政府救市，取消證所稅，才又大幅反彈。大行情走到 1990 年（當年我就讀大學二年級），台股指數創下歷史新高，然後崩盤。

從指數變化來看，就會知道這是瘋狂的年代，這是「第一次台灣錢淹腳目」。台股從 1962 年 2 月開市，大盤指數走了 24 年，在 1986 年首次突破 1,000 點，但隨後只花了 4 年時間，1990 年就創下 12,682 台股歷史高點，4 年推升指數上漲超過 11 倍，直到 1990 年 2 月 12 日的 12,682 點，之後迅速跌到 1990 年 10 月 1 日的 2,560 點，短短 8 個月，跌幅逾 80%。指數歷史高點 12,682，直到 2022 年 7 月 28 日，在台積電 466.5 元帶動下，才打破 30 年的紀錄，「重返榮耀」達到 13,031 點。2024 年 7 月 11 日指數創新高達 24,417 點，而 12,682 已經變成 30 年中長期的大底部。

當年的股王國泰人壽（現已併入國泰金控）於 1989 年 6 月 22 日，創下每股 1975 元的天價。買在 1500 元以上的人，經過 35 年了，恐怕還在套牢中。國泰金（2882）2024 年 10 月 14 日收盤價為 67.7 元。當年的千元的商銀三千金（彰銀、第一銀和華南銀），如今也都風光不再，令人不勝唏噓！「潮水退了，才知道誰在裸泳。」

台股歷史中，幾次重要的金融危機：證交稅事件（1988 年）、台海危機（1996 年，我正在小金門服預官役）、亞洲

金融風暴（1997年）、網路泡沫化（2000年）、SARS疫情（2003年）、次級房貸（2008年）、COVID-19（2020年）、川普「關稅戰爭」（2025年）等等。每次危機我都參與其中，雖然短暫會受到影響，但我依然長期存活在股市中，而且活得好好的。

2008年，全世界央行開始幾波QE（量化寬鬆，Quantitative Easing）印鈔票救市，造就10多年的大多頭行情，也成就「高通膨率和一大堆股神」，這是「**第二次台灣錢淹頸部**」。到2020年COVID-19，大多頭行情才宣告結束，當然過程中，股市還是上上下下大幅波動。COVID-19開啟全球央行無限制QE印鈔票救市，造就金融市場大震盪和物價高漲，這是「**第三次台灣錢淹死你**」的大時代。

危機不可怕，雖然每隔2~3年，會回來個大洗盤，從多到空再翻多，但指數和好公司的股價，還是頻創新高。股票要賺錢，就是買到的成本要低。如果一家好公司股票，買到天價，套牢解套的希望遙遙無期，那也是沒意義的。幾乎台股的股王，讓非常多的投資人下場都很淒慘。

本文就來談談幾個常見的估價法，至少有機會讓我們的持股成本降低，增加賺錢機率。

1. P/E（本益比）和 P/B（股價淨值比）河流圖

以台積電為例，2025年4月19日收盤價為785元：PE=17.3，股價正常。PB=4.75，股價偏高。

雖然在網路上可以找到P/B和P/E的河流圖，但我喜歡自己撈資料來畫圖，可以隨意變更倍數或畫成我喜歡的樣子，很有彈性。如果你不會自己畫，就直接從網路上抓河流圖來判定。

第 3 章 想賺錢先分析：如何看公司產業總經

台積電 PE 河流圖

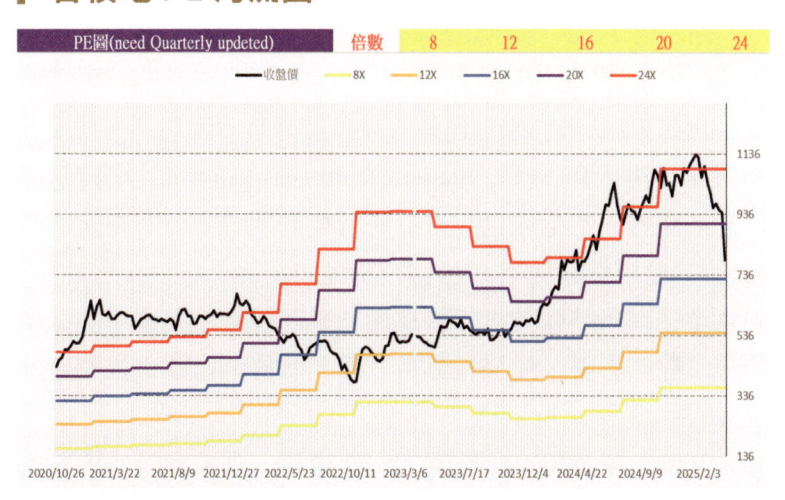

台積電 PB 圖

（資料日期：2020/10/26~2025/4/9）

2. 標準差

還記得 3-2 談到的標準差嗎？它是風險衡量的指標，這裡也可以用來評估股價。

我在 20 多年前剛工作進入高科技業時，因為製程技術非常嚴謹，需要用 SPC（Statistical Process Control）來控制晶片製造過程。當生產過程處於統計控制狀態，會有穩定的隨機分布；當過程異常時，就是失控狀態，統計分布將發生改變。對生產過程隨時監控，根據反饋信息即時發現異常，並採取措施消除其影響，使過程維持在受控狀態，以達到控制產品品質的目的。

舉例：每個製程參數都有一個規格，當被觀測的參數的平均值，加減一個標準差，再加減二倍標準差，就有五條線。如果超過規格（七條線），就要報廢。通常落在區間 2 或 4 以外，一定要做動作改善製程，而區間 2~4 是合理的波動範圍。每個製程的嚴謹度和要求可能會不同。

規格

	報廢
3	平均值+2倍標準差
2	平均值+1倍標準差
1	平均值
4	平均值-1倍標準差
5	平均值-2倍標準差
	報廢

時間

第 3 章 想賺錢先分析：如何看公司產業總經

　　如果將這些數值，變成股價，一樣可以畫成五條線（或七條線），平均值用「**收盤價回歸曲線**」取代「平均值」，就是「五線（或七線）投資術」，一點都不難。如果股價向上突破合理區間（看自己需求），可能會漲。如果股價向下跌破合理區間（看自己需求），可能會跌。有這些基本想法後，只要股價落在 2~4 或 3~5 之間，就不用太擔心。碰到 5 就買進，碰到 3 就賣出。如果擔心買太早或賣太早，就稍待片刻，等待局勢明朗後再採取行動。這是一個簡單的方法和工具，可供參考。

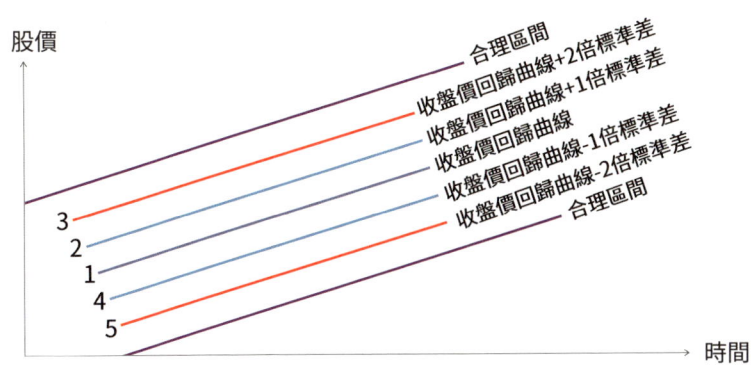

（參考資料：吳家揚著作《從 5000 元開始，以小錢搏大錢》）

上次因為演講需要，畫了這張圖，然後告訴觀眾，我在 2024 年 8 月 5 日加權指數 19,831 點，台積電 815 元時進場了。還預告說 2024 年的最低點已經過去，而當時市場的氣氛是恐慌的，投資網紅都說可能下探 16,000 點。我就是在第一條線買進，而在 2024 年 11 月 8 日需要錢時，獲利了結小賺 42.64%。

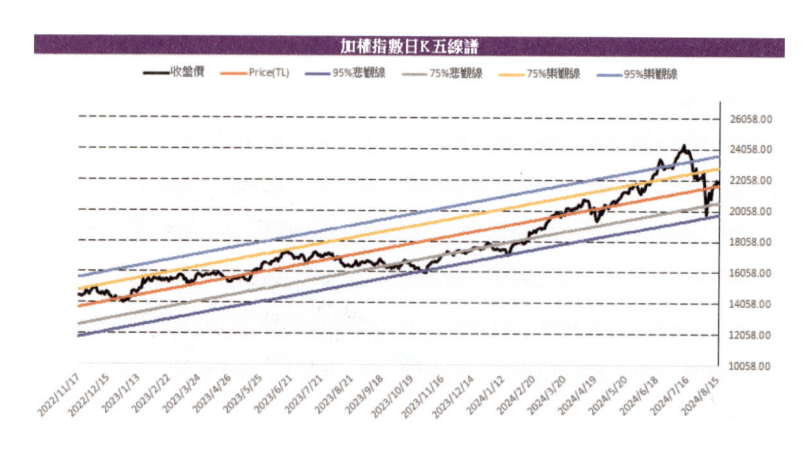

（資料日期：2024/8/15 更新）

3.DCF 現金流量折現法（Discounted Cash Flow）

DCF 是一種評估公司內在價值的模型，廣泛應用於學術與投資領域。其核心概念是預測未來的自由現金流量（FCF），並折現至現值，以計算公司當前總價值。

DCF 估值步驟

1. 預測未來現金流（5~10 年），依據公司財務狀況與成

長潛力估算。

2. 選擇折現率，通常使用「加權平均資本成本」（WACC），考量股東與債權人的報酬率。

3. 計算終值（Terminal Value，TV），估算期末現金流。

4. 計算現值（Present Value, PV），將未來所有的現金流量及 TV 折現在 PV，以得出公司目前的總價值。

DCF 依賴預測，實際應用會有很大的誤差。企業併購時，雙方根據 DCF 得出不同估值，導致談判爭議，甚至影響交易成敗。因此，儘管 MBA 課堂教授此模型，但實務上爭議頗多，建議當參考即可。

4.EV/EBITDA 企業價值倍數。

EV/EBITDA 是一種相對估值方法，適用於行業間比較。倍數越小，表示公司可能被低估，企業買下後回本速度較快；倍數越高，則可能被高估，回本較慢。

計算公式

EV（企業價值）＝市值＋總負債－總現金

EBITDA（稅前息前折舊攤銷前獲利）＝稅後淨利＋利息＋稅＋折舊與攤銷

價值投資人也會使用 EV/EBITDA 來評估企業合理股價，與 P/E（本益比）、P/B（股價淨值比）並列常見指標。巴菲特認為 EBITDA 無法真實反映企業價值，對此指標持反對態

度。可將 EV/EBITDA 數據畫成趨勢圖作為投資參考，美股有現成數據可查，台股則需自行計算繪圖。

以上所說的各種不同的估價法，也只能參考，讓毫無概念的人，至少有一個重要的依據。如果指標之間互相衝突，就以自己賺錢的經驗，來衡量指標間的優先順序。

好股票 Buy&Hold 的長期投資人，獲利會非常的可觀。而無法長期抱住好股票的投資人，至少要會利用估價分析來增加勝率。資料都是動態的，一段時間之後，圖形會變，壓力和支撐也會變。這些都比較適合短中線的投資人（小於 3 年）的操作方法。如果你是長期投資人（大於 10 年），這些估價方式都可以忽略，只要看財報就行。

> 延伸閱讀
>
> 1. 2022/08/05 CMoney 投資網誌 ⇨ MJ 財經筆記｜如何用 DCF（現金流量折現法）推估一家公司的真正價值？
> 2. 2022/12/21 STOCKFEEL ⇨ EBITDA 是什麼？用途？EV/EBITDA 怎麼用？為什麼巴菲特鄙視 EBITDA 指標？
> 3. 2020/10/21 Mr.Market 市場先生 ⇨ 價值投資》企業價值倍數 EV/EBIT、EV/EBITDA 是什麼？怎麼計算、怎麼運用？公式查詢

3-8
如何看產業分析
——台積電

　　產業分析（Industry Analysis），從來都不是一件簡單的事。除了要花費大量的時間之外，還要專業知識才行，否則只是 GIGO（garbage in, garbage out）於事無補。2003 年，我在資策會聽過課（課程非常昂貴，比一般人的月薪還要高很多），心得是：「產業分析博大精深且個人能力不足」。

　　發現不足後，2004~2006 年在交大經營管理所進修，拿到 MBA 學位。再經過一段職場歷練後，終於對產業分析有更深入的體會。我還保留資策會上課的講義，本文只會提到產業分析的一小部分。一般人是沒有能力分析，我們就看看專業人士或特定機構的報告就好。

　　產業分析，是指研究產業特性、發展趨勢和關鍵成功因素，包括市場規模、成長潛力、主要競爭對手、供應鏈結構和產業風險等方面的分析。這種分析有助於企業經營者和投資人了解公司的狀態，成就經營策略或投資決策。就大部分讀者而言，可以做為投資的參考之一。

產業分析的基本架構

產業分析會有以下的架構來進行論述:

界定問題:確認分析的行業範圍和要解決的痛點,選擇具體的行業或子行業,例如科技產業中的半導體行業。

資料收集:收集行業的基礎數據,包括市場規模、成長率、產品和服務的供應情況,需求驅動因素等。資料來源為:

1)初級資料,包括相關公司的人員訪談、相關行業的問卷、行業領袖的意見。

2)次級資料,包括政府機構的統計資料、媒體、出版品、可能要付費的資料庫和研究報告。

資料分析:分析行業中的主要競爭者和其市場占有率,使用波特五力分析模型來理解競爭強度、供應商和買方的談判能力、新進入者的威脅及替代品的影響。從產業生態鏈、到產業競合、然後到個別公司的核心競爭力,都要好好研究。要關心行業趨勢,例如技術創新、政策變動、消費者行為的改變等,這些因素往往會影響行業的長遠發展。

推論與預測:每份研究報告都會有特定立場,要小心判讀。識別關鍵成功因素,包括創新能力、成本控制、供應鏈效率、品牌認知度等等。預估潛在風險,包括政策法規、經濟環境、市場需求變動及競爭加劇的風險。

結論與表達:結論用正確的文字表達是基礎,如果再加上一些感人故事和生動圖表,則是大大加分。

常用的產業研究分析模型

1）產業結構：波特五力分析。
2）組織策略：SWOT、波特價值鏈分析。
3）產品分析：BCG 矩陣圖、產品生命週期、技術生命週期。

常用的產業研究財務模型

1）DCF 現金流量折現法（Discounted Cash Flow）。
2）EV/EBITDA 企業價值倍數。
3）P/E 和 P/B。

以下四種職業都以產業分析為基礎，會提供不同層次的建議。

職業	工作重點	目標受眾	主要工作場所
產業記者	新聞報導、資訊傳遞	大眾讀者	媒體產業、新聞機構
產業分析師	產業分析、市場研究	企業、投資者	研究機構、顧問公司
證券分析師	公司估值、投資建議	投資者	投資銀行、證券公司
產業顧問	策略分析、解決方案	企業	諮詢公司、顧問公司

產業記者，雖然內容最少且錯誤最多，還是值得參考。因為他們快速收集到產業資訊，但要自己評估內容的正確性。

產業分析師，會將所有研究報告和問卷資料彙整，包含經營高層法說會或電話會議的問答和誠信問題等等，然後依公司內部模型，依權重來打分數。然後 Sell-Site 出報告給 Buy-Site 當參考依據，這是公司的 knowhow 和營業祕密，不會對外公開。分數越高者，表示該方案越有看頭，值得投入更多的資源。

我是**證券分析師**，透過產業分析報告，對該公司深入了解，有助於評估投資獲利機會。投資人在進入股市之前，如果能好好了解產業，就有機會可以出判斷哪些行業在未來有成長潛力，從而提高投資報酬率。

產業顧問，例如有名的像是 BCG（Boston Consulting Group）或麥可・波特（Michael Porter）。波特教授的五力分析享譽國際，但波特自己創立的顧問公司卻倒閉了，而現在也可以看到許多分析他與他的理論謬誤之處的報導。所以五力分析，也需要與時俱進和調整修正，甚至要改成六力分析或七力分析了，以下台積電我以七力的方式來分析。

以台積電（2330）產業分析應用為例

台積電是全球最大的半導體代工企業，在「技術領先、規模優勢和市場需求」之下，在半導體行業中擁有全球領先地位。以七力分析來簡單說明如下：

一、現有競爭者的競爭強度
優勢分析

1）在全球半導體代工市場中市占率超過 50%。擁有領先的製程技術，成為蘋果（AAPL）、輝達（NVDA）、英特爾（INTC）、聯發科（2454）等科技巨頭的主要晶片供應商。

2）不斷的投入研發，提升晶片性能。推動製程技術的創新，例如 5 奈米和 3 奈米等。

3）龐大的資本資出。在台灣的北中南、美國亞利桑那州、日本熊本和德國德勒斯登等地投資設廠，這讓它具備大規模量產能力，能快速應對全球市場對先進晶片的需求。

4）資源回收再利用，半導體的製程原物料非常毒，公安環保不可缺，台灣水資源相當珍貴，1 滴水在台積電廠房內可以循環利用很多次，一些回收的廢棄物，也很有價值。

5）有形和無形的智慧財產布局，例如專利和營業祕密等，也是無形的巨大堡壘和護城河。20 多年前，18 吋晶圓的關鍵專利有 30 多個，英特爾 20 幾個，三星 10 幾個，台積電寥寥無幾。還好最後沒有進入 18 吋的世代，否則台積電要付出很多的權利金，才能生產 18 吋晶片。

6）高薪和高壓。24 小時待命的企業文化，他國望塵莫及。

7）廣結善緣。和美國、日本、德國等國家的政府和學校合作，提供地方發展基金、受訓機會和全額獎助學金，讓老外認識台積電文化。

8）2008 年金融海嘯後，美國政府先定義了大到不能倒的美國銀行，覺得不夠後又加入歐洲和日本的大型銀行、非常有錢的美國科技公司（如蘋果、微軟、臉書、谷歌和英特爾

等等)、投資界領頭羊巴菲特和索羅斯,最後再加上美國以外的 2 家科技公司,三星和台積電。要解決金融危機,就是要有錢,而科技業真的很有錢。台積電當年就開始嶄露頭角,而被美國政府注意到了。

行業分析

1)隨著 5G、人工智慧(AI)、高性能運算(HPC)和物聯網(IoT)等技術的發展,先進製程可滿足這些市場需求。

2)由於地緣政治因素,開始在全球各地建立新工廠,進行產能分散,降低供應鏈風險。

3)隨著電動車市場快速增長,車用半導體需求亦大幅增加,致力於成為歐洲汽車產業的重要供應商。

財務分析

1)財報顯示營收和淨利年年成長,有能力用自有資金繼續擴廠。其高階製程的毛利率顯著高於成熟製程,且毛利率保持在高水準。

2)市占率遠超過其他代工廠商,具備更強的議價能力和供應穩定性,能吸引更多大客戶。

二、新加入者的威脅

競爭分析

1)10 年或更久以前的主要競爭對手是聯電和格羅方德(Global Foundries Inc.)等,然後早就被台積電 KO 了。

2)近 10 年來的主要競爭對手,變成是三星和英特爾。本來都在各自領域發光發熱,但三星和英特爾,侵門踏戶進入代工領域,萍水相逢終需一戰,特別在先進製程方面(如 7

奈米或 5 奈米）。目前英特爾可能被併購消失，而三星和台積電越差越遠。

3）隨著中國大力支持本國半導體企業，如中芯國際（SMIC）。雖然中國代工市場逐漸興起，但受制於被國際制裁，中芯也永遠不可能威脅台積電，即使找了一些台積電叛兵助陣，但還是差很遠。

技術分析

1）特別是在 3 奈米和更高階的製程晶片上，已具備 10 年技術領先期，可以持續保有競爭優勢。

2）演進到現在，台積電在未來 10 年，先進製程已經沒有任何對手。

三、買方議價能力

要有議價能力的廠商，只有像蘋果（AAPL）或輝達（NVDA）這種世界級前 3 名的大企業，才有機會。但隨著台積電成為全世界唯一的先進晶片供應商，買方的議價能力逐漸消失。所以和買方共存共榮，是最好的策略，價錢可以好好商量，讓雙方都能接受。

四、替代品的威脅

雖然實驗室很多備案，但距離商品化還很久，而且要量產還要價格好，更是不可能的任務，目前完全沒看到威脅，至少 10 年內沒有。

五、供應商的議價能力

台積電大聯盟生態系的供應商非常多，美商（AMAT）、荷商（ASML）、日商（TEL）、都有關鍵零組件，缺一不可，所以也要和供應商關係打好，避免被制裁拿不到貨。萬一台積電被國際制裁，先進製程一樣會停擺。

像2019年日韓關係不好時，日本制裁韓國，然後三星的良率和競爭力就每況愈下了。台商（漢唐2404、家登3608）不是獨一無二的供應商，是喝台積電奶水長大。雖然議價能力不強，但能降低生產成本，台積電也沒有虧待他們。

六、風險（第六力）：

1）地緣政治，特別是在中美貿易緊張加劇的情況下，可能影響全球供應鏈的穩定性。

2）隨著半導體技術的快速發展，若未能跟上技術創新速度，可能會失去其領先地位。此外，研發費用和資本支出，是公司的重要財務負擔。

3）半導體生產涉及大量用水和電力，在環保政策和企業永續發展上會面臨壓力。全球對環保要求的提升，可能會影響其製造成本和產能規畫。

4）壟斷問題。全球的大企業，只要非常大，就會有這種問題，如微軟、谷歌、輝達等等。但強調「客戶成功，台積電才會成功」，並提出「晶圓製造2.0（Foundry 2.0）」來因應，且因應美、日、德政府的要求到各國設廠。

5）外匯市場的波動也不容忽視。10幾年前，台積電張忠謀常和央行彭淮南，針對台幣費率問題而隔空交戰。台灣是出口導向的國家，台幣貶值對出口有利，公司獲利會增加，

也可以幫國家賺取大量外匯。反之,新台幣升值對進口有利,人民出國消費也有利。那時候的台積電還不夠強大,面對三星和英特爾這兩隻 700 磅大猩猩的威脅,所以匯率很重要。現在的台積電夠強大了,就算新台幣升值,也有議價能力,將成本給轉嫁給客戶。匯率因素,對台積電影響很小,但對其他毛利率不夠大的廠商,還是很傷的。

6)利率政策。央行的利率決策會影響貸款成本與消費者信心,低利率通常會推動投資。

七、現在台積電面對的挑戰(第七力):

1)國內擔心水電供應和人才問題。全球已有超過 300 家國際大廠加入 RE100 聯盟,訴求 100% 使用綠電。RE100 要求使用的綠電,主要包括生質能源、地熱能、太陽能、風能與水力等再生能源,並不包含核能,台積電的用電量已經到非常驚人的境界了。

2)反壟斷問題。除了要遵循國際公約規定外,CEO 還要將「晶圓代工 1.0」提升為「晶圓製造 2.0(Foundry 2.0)」,重新定義晶圓製造產業。除了既有晶圓代工外,再加入了封裝、測試、光罩製作與其他,以及所有除了記憶體製造外的整合元件製造商。主要目的是將自己的市占率變小,才不會發生壟斷問題。萬一未來台積電被判定為「壟斷企業」要被強制分拆時,先進製程和成熟製程可能被迫分家,而成熟製程不是自己獨立,就是和世界先進(5347)合併。

3)國外設廠。要遵守當地的法規和國家文化,這些都非常具挑戰性。

4)台積電謹守美國和國際公約。2024 年 11 月 11 日起美

國禁止出售先進製程晶片，7奈米（含）以下的晶片，給被制裁的國家和企業，例如中國華為和中國相關IC設計產業等，拿不到台積電的先進晶片，等於是「被淘汰」的代名詞。但先進晶片被運用於華為AI伺服器，也可能讓台積電面臨330億天價罰款。

結論

這只是產業分析報告的一小部分，完整的報告會厚厚一本，包含財務、技術等等，一大堆假設、預測和圖表。可以好好研究產業生態系裡面的每一家公司財報，一定可以找出鑽石或黃金。ESG、減碳、永續經營，台積電帶頭做出最好的示範。

如果將台積電（2330），分析變成蘋果（AAPL）、輝達（NVDA）、谷哥（GOOGL）、統一企業（1216）、工研院、中美矽晶（5483）、世界先進（5347）、富邦金（2881），或任何公司包含你自己創辦的公司，都可以做出很複雜的產業分析報告。看看分析對象所處的產業地位和競爭力，對公司經營者和投資人都會有幫助的。

台積電的專業代工模式創立之前，超微（AMD）董座傑瑞‧桑德斯（Jerry Sanders）講得更直：「帶種的男人要有自己的晶圓廠（Real men own fabs.）。」結果台積電將這些帶種的男人全部閹割了，且從2001年市值1兆新台幣，變成現在市值1兆美元。

台積電也不是都一帆風順，曾被英特爾（Intel）創辦人安迪‧葛洛夫（Andrew S. Grove）和高登‧摩爾（Gordon Moore）潑冷水，但一路克服生存危機和無數難關，才有今天

的江湖地位。蘋果也曾很慘過、輝達以前還差點破產、谷歌當年也被雅虎（Yahoo）瞧不起、中美矽晶以前也很遜、富邦金也不怎樣，但這些公司經過 30 年後，現在都很了不起。如果你的公司還小，過關斬將之後，搞不好 30 年後也是世界霸主之一。

> **延伸閱讀**
>
> 1. 維基百科 ⇨「五力分析」
> 2. 2024/11/13 今周刊 ⇨ 全球第一座半導體零廢中心在台中！台積電秦永沛：年減碳 4 萬噸、實現循環經濟模式
> 3. 2024/11/06 eNEWS.tw ⇨ 台積電買單！邀日學生免費來台留學「每月再發 1 萬零用錢」唯 1 條件曝
> 4. 2023/05/24 財訊 ⇨ 半導體還會再成長 7 成！魏哲家揭台積揭發展路徑兩大技術將扮演重要角色
> 5. 2023/12/13 DOIT 經濟部產業技術司 ⇨ 科技新知日本半導體設備市場現況及布局
> 6. 2023/12/07 經濟日報 ⇨ 台積電頒發 2023 年優良供應商獎台廠八家公司入列創紀錄
> 7. 2024/07/12 豐雲學堂 ⇨ 台積電供應鏈概念股有哪些？台積電先進製程為何重要？一文看懂護國神山如何牽動本土產業
> 8. 2001/06/01 數位時代 ⇨ 張忠謀的第二場豪賭
> 9. 2024/11/9 工商時報 ⇨ 華為疑雲後續台積 7 奈米以下 AI 晶片傳禁售大陸
> 10. 2025/4/9 數位時代 ⇨ 台積電面臨 330 億天價罰款！遭美認定「華為 AI 晶片共犯」成關鍵：誰是幕後白手套？

3-9

台股的大盤指標和領先指標

台股幾個常用的重要指標,舉例如下:1)**發行量加權股價指數**(TAIEX)。包含了所有在證交所掛牌的股票,按市值加權計算,觀察台股整體走勢的核心指標。2)**櫃買指數**(OTC Index)。觀察中小型股的表現。3)**臺灣 50 指數**。包含市值前 50 大公司的指數,是大型股指標。4)**臺灣中型 100 指數**。包含市值前 51~150 公司的指數,是中型股指標。5)**電子類股指數**。台灣外銷產業電子業比重高,成為觀察電子產業走勢的重要指標。6)**金融類股指數**。包括銀行、保險和證券。這些指標提供了不同類型股票的趨勢分析,有助於做出更好的投資決策。

還記得「3-1 擇時或擇股」提到,即使發生戰爭或重大災難,股市長期趨勢還是向上嗎?對於長期投資的人,以 10 年為單位,只要關心財報就好,可以不用太在意其他「雜訊」。但你我都做不到,對吧!所以,我們還是來關心一下指標的表現。除交易所和櫃買中心編制的指標之外,本文來說明幾

個常見的大盤指標。

大盤 P/E（本益比）和 P/B（股價淨值比）河流圖

P/E（Price-to-Earnings Ratio，PE 或 PER），亦稱為本益比。P/E= 目前股價 ÷ 每股盈餘。若 P/E=25，代表 25 年還本。長期來看，P/E>25 時，要有警惕。

P/B（Price-to-Book Ratio，PB 或 PBR），亦稱為股價淨值比。P/B= 目前股價 ÷ 每股淨值。長期來看，P/B>2.5 時，要有警覺。

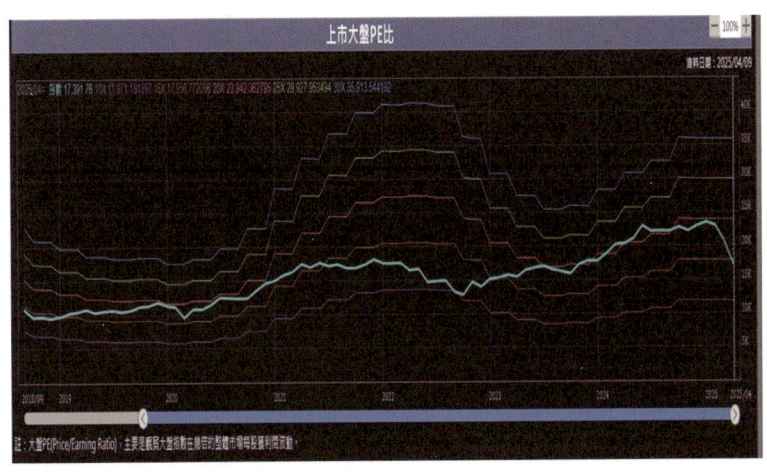

大盤 PE，主要是觀察大盤指數在幾倍的整體市場每股獲利間波動。（參考資料：富邦 e01 軟體，資料日期 2025/4/9）

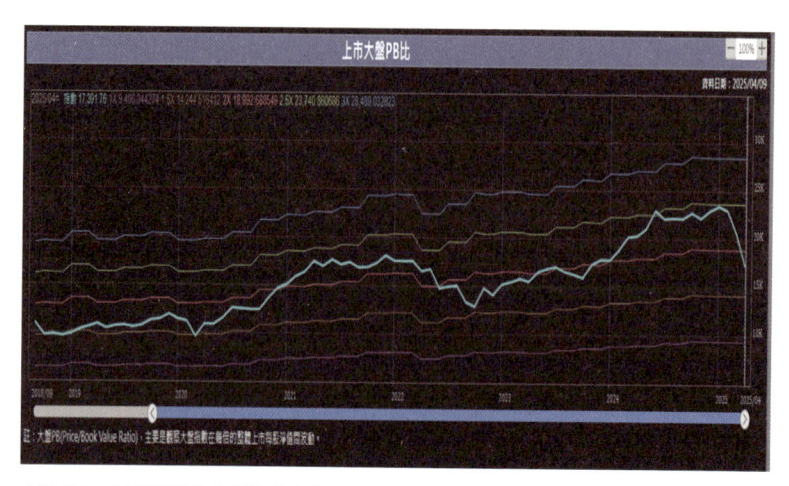

大盤 PB，主要是觀察大盤指數在幾倍的整體上市每股淨值間波動。（參考資料：富邦 e01 軟體，資料日期 2025/4/9）

大盤融資維持率

　　還記得「2-2 什麼是融資、融券和標借」這篇文章提到：「當投資人整戶擔保維持率低於 130％ 時，對於個股維持率低於 130％ 之融資融券應進行補繳，投資人需在 2 個營業日內補繳融資自備款或融券保證金差額。」

　　在 2020 年 3 月 16 日 COVID-19 的陰影下，造成恐慌性殺盤，融資維持率下殺到 131％，指數到 9,717 點，還好時間很短就反彈了。在 2025 年 4 月 9 日川普「關稅戰爭」的陰影下，造成恐慌性殺盤，融資維持率下殺到 118％，指數 17,392，應該很快會反彈吧！讓我們拭目以待。從這張圖來看，140％ 以下就可以勇敢進場了。

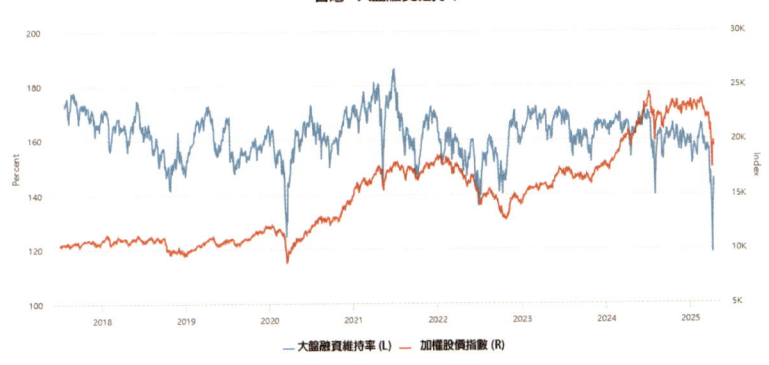

第 3 章　想賺錢先分析：如何看公司產業總經

台灣 - 大盤融資維持率

當大盤的整體融資維持率降至一定低點時，代表目前大盤可能出現不理性的賣壓或斷頭潮，通常為股市的相對低點。大盤融資維持率＝所有融資股票市值 ÷ 大盤融資餘額＝（所有融資股數 x 股票的股價）÷ 大盤融資餘額。（參考資料：財經 M 平方，2025/4/9 更新）

MSCI 指數

　　MSCI 指數就是指 MSCI 摩根士丹利資本國際公司所編製的股價股數，也被稱為摩根指數、大摩指數。許多基金經理人或指數型基金，都會直接以它的成分股做為買賣標的，每當調整或變動，都會對市場產生龐大的影響力。生效當天最後一盤 13:25~13:30 的價或量都會大幅波動，但然後隔天開盤就會將波動回吐一半，創造很好的「套利」機會。MSCI 指數成分股在每年 2 月底、5 月底、8 月底、11 月底會調整，也就是在台灣新聞常會聽到的「MSCI 季度調整」。

MSCI 台灣成分股權重最高前 10 名			
排序	代號	公司名稱	權重（%）
1	2330	台積電 TAIWAN SEMICONDUCTOR MFG	54.76
2	2317	鴻海 HON HAI PRECISION IND CO	4.40
3	2454	聯發科 MEDIATEK INC	4.37
4	2308	台達電 DELTA ELECTRONICS	1.67
5	2881	富邦金 FUBON FINANCIAL HOLDING	1.49
6	2382	廣達電腦 QUANTA COMPUTER	1.43
7	2891	中信金 CTBC FINANCIAL HOLDING	1.28
8	2882	國泰金 CATHAY FINANCIAL HOLDING	1.25
9	3711	日月光投控 ASE TECHNOLOGY HOLDING	1.15
10	2412	中華電信 UNITED MICROELECTRONICS	0.93

更新時間 2025/2/19，資料來源：MSCI 官網

領先指標

股市有領先指標嗎？有的。雖然不是 100% 精準，但景氣領先指標，可以用來評估景氣與股市走勢。就像主人與狗一樣，景氣是主人，股市是狗，狗會來來回回跑在主人前後，但終究還是要一起回家的。國發會景氣指標查詢系統，就像汪洋大海中的燈塔，有機會指出「短距離」的方位。

國發會景氣指標查詢系統，又分為「景氣對策信號」、「領先指標」、「同時指標」、「落後指標」、「製造業採購經理人指數（PMI）」和「非製造業經理人指數（NMI）」，等 6 大類。每個大類，再區分成幾個小類。

很多人喜歡用「景氣對策信號」的分數來操作股票，但我個人只會參考「領先指標」和「製造業採購經理人指數（PMI）」，其他的就順便看一看。看不懂，就看分數比大小即可。分數變大表示景氣變好；分數變小表示景氣變不好。

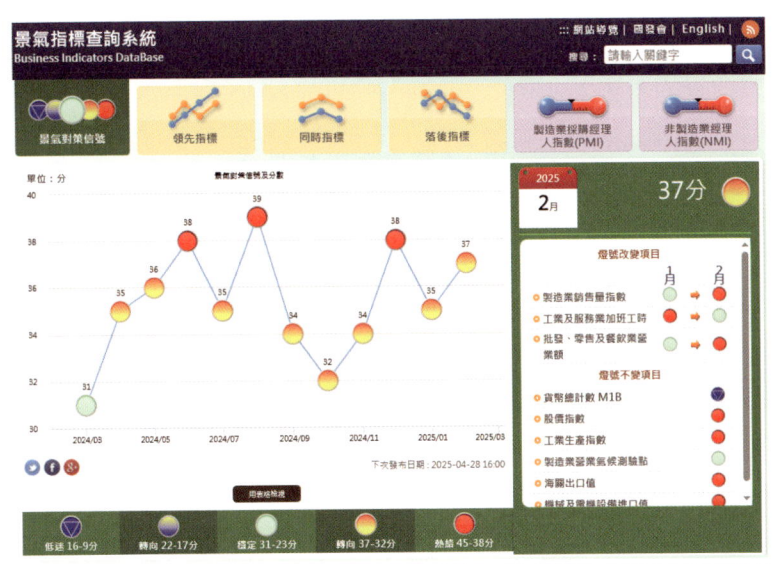

第 3 章 想賺錢先分析：如何看公司產業總經

●藍燈為景氣低迷，●綠燈持平，●紅燈為景氣熱絡。（參考資料：國發會景氣指標查詢系統）

景氣和股市表現，有高度正相關。

「領先指標」，又區分成「實質半導體設備進口值」、「建築物開工樓地板面積」、「股價指數」、「製造業營業氣候測驗點」、「外銷訂單動向指數」、「實質貨幣總計數 M1B」和「工業及服務業受僱員工淨進入率」等 7 小類。

台灣是半導體和電子業的製造和進出口強國，所以「實質半導體設備進口值」、「製造業營業氣候測驗點」和「工業及服務業受僱員工淨進入率」很重要。「外銷訂單動向指數」，是製造業未來投資的指標，通常設備訂單增加表示未來的生產力會提升，很重要。「建築物開工樓地板面積」因為要新建廠房，所以很重要。

「股價指數」可以從「大盤指標」看出，也很重要。股

市指數本身也被視為景氣的領先指標,反映投資人對未來經濟前景的看法。

股市榮枯一定和錢有關,「實質貨幣總計數 M1B」,反應市場資金的多寡,資金多通常代表投資與消費的動能增加。這牽涉到央行的貨幣政策,不在本書討論範圍。但央行的資產負債表,顯示幾十年來不斷地膨脹,表示印很多鈔票在市場流通,最後的結果就是:「造成股市、不動產和通膨,欲小不易」。

央行的資產負債表,幾十年來不斷膨脹,表示很多鈔票在市場流通。(參考資料來源:財經 M 平方,2025/3/31 更新)

製造業採購經理人指數(PMI):數值高於 50 表示經濟擴張,低於 50 表示收縮。

第 3 章 想賺錢先分析：如何看公司產業總經

資料來源：國發會景氣指標查詢系統，製造業採購經理人指數（PMI）。

台股市值世界前 10 大

台股 30 年前是淺碟市場，甚至 10 年前也還不怎麼樣，但是現在已非吳下阿蒙。台股市值世界排名第 10 名，不再是淺碟市場了。如果你看到「台股是淺碟市場」的文章，就跳過去，因為投資邏輯停留在過去，已不符合現代需求，就好像一天到晚喊崩盤的人一樣，早晚會退出股市。再強調一次，台股一點都不淺，也有能力可以屠殺法人了，投資人更要小心謹慎。

台股的市值已位居全球前 10 名，顯示台灣在全球經濟中的重要性，特別是在高科技產業和半導體製造領域。隨著台積電、聯發科等台灣科技企業的成長，台股市場規模不斷擴大。

以下是台股市值成長的幾個重要關鍵因素（KSF）：

1）台積電是台股最大的市值公司，也是全球科技產業的重要支柱。

2）除了半導體之外，台灣在科技業、精密製造、電動車、生技醫療等領域也有不少的隱形冠軍。

3）隨著公司全球競爭力提升和穩健的股利發放政策，吸引了許多追求固定配息的投資人，外資是最重要的投資法人之一。

4）台灣政府推動科技創新和產業升級，並加強資本市場監管，這些政策有助於企業的長遠發展和市場信心的提升。

全球前 22 大資本市值股市

排名	股市名稱	資本市值（兆美元）	排名	股市名稱	資本市值（兆美元）
1	美國	57.825	12	瑞士	2.186
2	中國	8.249	13	南韓	1.89
3	日本	6.66	14	澳洲	1.66
4	香港	4.968	15	荷蘭	1.096
5	印度	4.902	16	瑞典	1.07
6	英國	3.28	17	丹麥	0.9937
7	法國	3.17	18	阿拉伯聯合大公國	0.9531
8	加拿大	3.099	19	巴西	0.799
9	沙烏地阿拉伯	2.723	20	西班牙	0.8117
10	台灣	2.448	21	印尼	0.7994
11	德國	2.439	22	義大利	0.7393

參考資料來源：2024 年 Yahoo! 新聞

第 3 章　想賺錢先分析：如何看公司產業總經

> **延伸閱讀**
>
> 1. 臺灣證券交易所 ⇨ 指數資訊 ⇨ 指數系列
> 2. 證券櫃檯買賣中心 ⇨ 指數
> 3. 2024/11/08 中時新聞網 ⇨ MSCI 台股權重 1 升 1 降 1 持平另台灣指數成份股新增鈊象、健策二檔高價尖兵；台積電權重則被調降最多 ...
> 4. 2024/11/07 豐雲學堂 ⇨ MSCI 是什麼？MSCI 調整有什麼影響？MSCI 成分股有哪些？（11 月 29 日尾盤生效！）
> 5. 2024/11/07 Mr.Market 市場先生 ⇨ MSCI 指數是什麼？最新季度調整內容
> 6. 國發會景氣指標查詢系統
> 7. 中華民國中央銀行全球資訊網 ⇨ 中央銀行資產負債簡表
> 8. 2024/06/25 經濟日報 ⇨ 台股市值拚全球十強
> 9. 2024/09/02 Yahoo! 新聞 ⇨ 全球股市市值排名！台股居第 10 還輸印度、阿拉伯 謝金河曝名次落後原因在這

選對股票,是投資成功的關鍵!本章將介紹不同的選股方法與投資策略,幫助你找到最適合自己的標的。

▶ 4-1 選股邏輯很重要

投資沒有絕對的標準答案,每個人都應該根據自己的風險承受度與投資目標,選擇適合的股票。

▶ 4-2 成長績優股 | 4-3 景氣循環股 | 4-4 價值配息股

每種股票都有不同特性,青菜蘿蔔各有所好,重點是找到符合自己投資風格的標的。如果你已經找到讓你穩定獲利的股票,那就繼續堅持下去!

▶ 4-5 風險與報酬:兩者密不可分

投資一定有風險,尤其是警示股可能帶來重大影響,務必謹慎評估。

▶ 4-6 10 大投資話題:值得時刻關注

投資市場變化快速,掌握關鍵投資趨勢與市場議題,才能做出更明智的決策!

4-1 擇股的關鍵成功因素

4-2 成長績優股,以台積電為例

4-3 景氣循環股,以航海王為例

4-4 價值配息股,以日常必需品為例

第 **4** 章

掌握選股策略，
找到最適合你的投資方式

4-5 警示股、轉機股和飆股
4-6 定期檢視 10 大投資話題

4-1 擇股的關鍵成功因素

我常被問：「該波段操作賺取資本利得？還是一直抱股領取股利？」本文將利用 MBA 所學的一些技巧，來說明擇股的「關鍵成功因素」。擇股，即專注於個別公司的經營、競爭力和財報等因素。

公司生命週期會受產品生命週期的影響，而產品生命週期會受 BCG 矩陣圖的影響，環環相扣。公司處在哪個階段，對我們的選股非常重要。每個關鍵時刻，都會影響公司的股價和股利。

公司生命週期

「創櫃或未上市」的股票風險極高，他們可能還在公司草創時期。公司在草創時期還在燒錢，資金需求非大，通常處於虧損的情境，未來能不能活下去，都還是一個大問題。投資草創公司的下場，不是大賺就是大賠，但大賺機率很低且大賠機率極高，不建議介入。

上市、上櫃、興櫃股票的差別主要來自掛牌條件與交易規則的不同。掛牌申請條件的差異主要有公司設立年限、實收資本、獲利能力、股權分散等等的不同。通常上市公司的掛牌條件較為嚴格，上櫃公司次之，而興櫃公司規定較少。

上市上櫃公司，通常已經熬過草創期「公司財務死亡的蔭谷（損益兩平點）」，歷經券商輔導成功才能上市櫃。因此投資上市股票的風險相對較低，投資上櫃股票風險提高許多，而投資興櫃股票的風險又更高了。

2024 年 9 月 20 日統計資料顯示，上市公司 1018 家、上櫃公司 825 家、登錄興櫃 328 家。經驗不足的投資人，應該好好選擇上市上櫃股票來投資就好。我們在選擇投資標的時，至少要選擇財報優良和創辦人聲譽良好的公司。

公司開始成長時（例如高科技和高成長產業），資金的需求量很大。所以公司賺錢時，通常不會發現金股利，或發放現金的股利政策很保守，主因是將現金繼續投資公司。有時，甚至只發放股票股利，來增加公司資本額，讓公司繼續成長茁壯。針對這階段公司發展策略，你可能常聽到「借殼上市」、「併購」、「商譽」、「分家」、「增資」、「庫藏股」、「財報詐欺」等議題。如果公司成長到非常巨大，像台積電，可能會有「壟斷」和「窄基危機」等議題。

成熟期的公司（例如傳統產業），公司不再成長。公司賺錢時，通常會發放現金股利。因為發放股票股利，只會膨脹股本，進一步壓縮每股盈餘，對股價會有不利的影響。針對這階段公司發展策略，你可能常聽到「減資」和「喜歡炒作土地的資產股」等議題。

197

衰退期的公司（例如夕陽產業或慘業），就應該賣股退場，另尋投資標的。

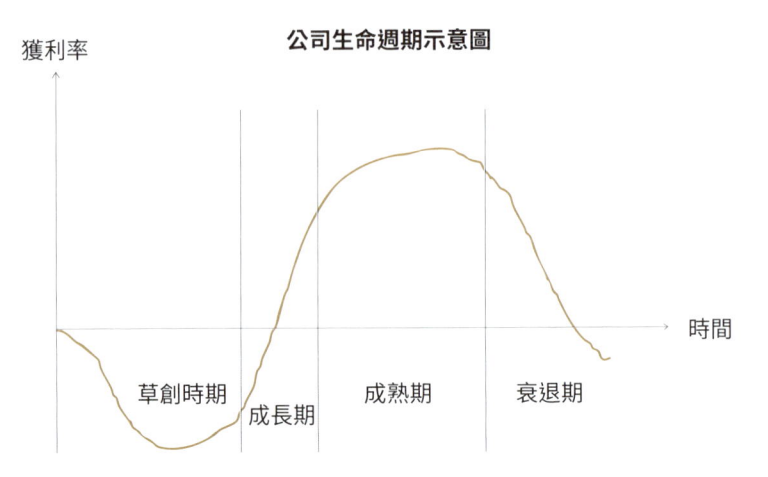

公司生命週期示意圖

（獲利率 vs 時間：草創時期、成長期、成熟期、衰退期）

產品生命週期

公司一定會提供產品和服務，而產品處於生命週期的哪一個階段，也會影響公司的興衰。

好不容易從開發原型產品到導入公司試產，導入期的銷售量通常很低、不穩定，甚至滯銷，只有少數「先鋒嘗鮮者」使用。當產品 A 可以由導入期撐到成長期時，產品為大眾所接受，銷售量大幅增加，為公司帶來大量營收和盈餘。而進入成長期之後，就要準備導入第二產品 B 來研發試產。當產品 A 進入成熟期時，第二產品 B 就要量產。當產品 A 進入衰退期時，表示產品 A 過時，大眾也不感興趣，銷售量大幅下降。這時第二產品 B 就一定要銜接上，避免公司成為「一代拳王」，否則隨著時間的流逝，公司將關門大吉。

公司要持續成長,甚至變成世界級巨獸。這牽涉到公司要甚麼策略,要運用多少資金和資源來產生殺手級應用產品或明星級產品。

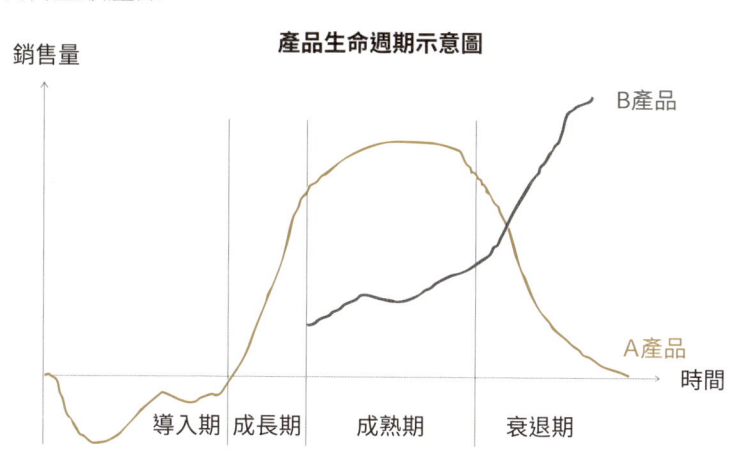

產品生命週期示意圖

銷售量 / B產品 / A產品 / 時間
導入期 | 成長期 | 成熟期 | 衰退期

BCG 矩陣圖

BCG 矩陣圖(Boston Consulting Group Matrix),橫軸為市占率,縱軸為成長率,將產品分為四大象限,企業透過這四個象限和四種策略,得出資源分配的比重及未來戰略。

BCG矩陣圖

成長率

問號商品 (Question Marks)	明星商品 (Star)
成長策略(Build)或收割策略(Harvest)	成長策略(Build)
老狗商品 (Dog)	金牛商品 (Cash Cow)
撤資策略(Divest)	維持策略(Hold)

市占率

四個象限：問號商品、明星商品、金牛商品及老狗商品。

四種策略：成長策略、維持策略、收割策略和撤資策略。運用如下：

未上市或新創公司：採取成長策略，集中資源開發明星商品。努力開拓市場，提高市場占有率，為公司帶來名與利。

傳統產業：採取維持策略，有金牛商品。努力維持市場占有率，延緩被市場淘汰的時間，為公司帶來足夠活下去的現金流。

有前景的高科技公司：擁有明星商品和金牛產品，為公司帶來足夠擴張成長的現金流。努力開發問號商品。問號商品若將來有前途，則採取成長策略。問號商品若將來無前途，則採取收割策略，認賠獲得剩餘現金流，不再繼續投入資源並逐步撤資。

夕陽產業：採取撤資策略，通常都是老狗產品。不再投資，準備脫手，改將資源注入獲利更好、發展性更高的商品。如果開發不出新產品或公司轉型不順利，公司就準備關門了。

全球所有產業按照 GICs 歸類為 11 大行業板塊

全球資產中產業以全球行業分類標準（Global Industry Classification Standard, GICs）為主，GICs 將所有的行業按照四大層級：11 個行業板塊（Sector）、24 個行業組別（Industry Groups）、69 個行業（Industries）、158 個子行業（Sub-industries）。其中第一層的 11 大行業板塊最被廣泛關注，而此 11 大行業板塊又可以按照產業特性簡單分為三大族群：循環性類股、防禦性類股、敏感性類股。

全球所有產業按照GICs歸類為11大行業板塊
全球行業分類標準（GICs）

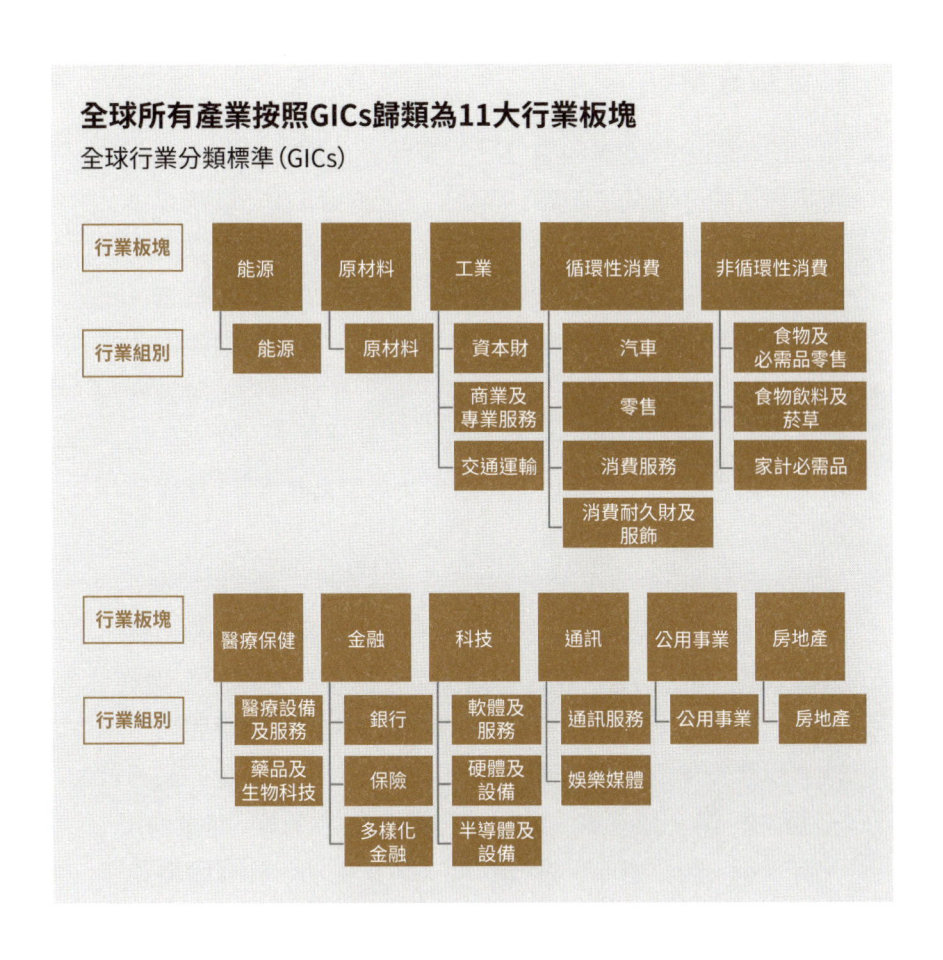

行業板塊	能源	原材料	工業	循環性消費	非循環性消費
行業組別	能源	原材料	資本財	汽車	食物及必需品零售
			商業及專業服務	零售	食物飲料及菸草
			交通運輸	消費服務	家計必需品
				消費耐久財及服飾	

行業板塊	醫療保健	金融	科技	通訊	公用事業	房地產
行業組別	醫療設備及服務	銀行	軟體及服務	通訊服務	公用事業	房地產
	藥品及生物科技	保險	硬體及設備	娛樂媒體		
		多樣化金融	半導體及設備			

在不同的景氣循環位階，產業因其特性所致，資金輪動有跡可循：

1）復甦期間製造業底部反轉、核心循環類股領漲。
2）擴張期間資金快速輪動、長線龍頭產業獨占鰲頭。
3）趨緩期間避險情緒攀升、疊加通膨行情，勝率降低。
4）衰退期間剛性需求浮現、防禦性類股支撐。

台股分類

行政院主計總處編製之「行業統計分類」，將上市公司產業類別劃分為水泥工業、食品工業、塑膠工業、紡織纖維、電機機械、電器電纜、化學工業、生技醫療業、玻璃陶瓷、造紙工業、鋼鐵工業、橡膠工業、汽車工業、半導體業、電腦及周邊設備業、光電業、通信網路業、電子零組件業、電子通路業、資訊服務業、其他電子業、建材營造、航運業、觀光餐旅、金融保險、貿易百貨、油電燃氣業、綜合、綠能環保、數位雲端、運動休閒、居家生活及其他等33種產業類別。

上櫃股票，目前共分為：食品工業、塑膠工業、紡織纖維、電機機械、電器電纜、化學生技醫療、玻璃陶瓷、鋼鐵工業、橡膠工業、電子工業、建材營造、航運業、觀光餐旅、金融業、其他、化學工業、生技醫療業、油電燃氣業、半導體業、電腦及周邊設備業、光電業、通信網路業、電子零組件業、電子通路業、資訊服務業、其他電子業、文化創意業、農業科技、綠能環保、數位雲端、運動休閒、居家生活、管理股票和存託憑證等34種產業類別。

擇股策略

採取由下而上的投資策略，就是擇股策略。依次要分析財報、競爭優勢和管理層能力：

仔細分析公司財務報表，包括3率、資產負債表、現金流量表等等，幫助判斷公司是否具有投資價值。

分析產品的市占率、品牌影響力、技術門檻，和是否具有持續增長的潛力。

要了解公司 CEO 的誠信、經驗、領導風格、公司治理、決策和執行力，以確保公司具備穩健的領導力。

一定要再三提醒，要投資的公司，一定要選好的公司，有賺錢的公司。**成長績優股投資策略是長期持有（Buy&Hold），除非需要用錢或達到財務目標才賣掉。景氣循環股，一定是波段操作。千萬不要買到爛股票。**

舉例台積電公司，擁有卓越的技術創新能力，且高階產品具有獨特的競爭優勢。當面臨景氣低迷股價不振時，投資人會認為該公司具有長期成長潛力，因此選擇在市場低點買入該公司的股票，並等待其股價逐漸上升。

要選「資本利得」還是「股利所得」？

公司賺錢回饋股東時，投資收益來自：「資本利得和股利所得」，應根據個人風險偏好和投資目標等因素來選擇。資本利得和股票股利，適合高科技和高成長產業；而現金股利，適合傳統產業。**資本利得免徵證所稅；股利要繳個人綜合所得稅。**

資本利得（Capital Gains）是指買入股票後，股價上漲而獲得的利益。股價受到市場情緒、財報及總經等因素影響。資本利得，適合那些「偏好高回報」和「承擔高風險」的投資人。

股利（Dividends）是公司將部分盈餘，以現金或股票的

方式分配給股東。會根據年度財報決定分紅，按季度、半年度或年度向股東支付。**股利，適合那些「獲取穩定現金流」和「風險承受能力低」的投資人。**

如果目標是迅速增值資產，投資期限較短的投資人，可以考慮資本利得。在牛市中，資本利得的回報潛力較大，可以多配置一些成長型股票。但如果短期內頻繁進出操作，可能導致手續費增加而降低報酬率。

如果目標是長期累積財富，獲得穩定的現金流的投資人，可以考慮股利所得。在熊市或經濟不確定性增加時，可以轉向股利政策穩定的股票，降低投資風險。

要選「現金股利」還是「股票股利」？

在股票投資中，股利是公司將一部分盈餘回饋給股東的一種方式，主要分為兩種形式：現金股利與股票股利。

現金股利是公司將盈餘以現金的形式分配給股東。優缺點為：

1）減少公司未來可用的現金，影響公司的再投資能力，適合公司不再成長的傳統產業。

2）投資人短期內可拿到現金，對穩健型投資人或退休族群有吸引力。

3）相對於股票股利，現金股利是「單利」的概念，落袋為安。

股票股利是公司以增發股票的形式來分配盈餘，即股東並不會收到現金，而是收到額外的股票。優缺點為：

1）增加股東手中的股票數量。

2）股票股利能保留公司現金,將現金再投資擴張中的公司,適合高科技和高成長性產業。

3）相對於現金股利,股票股利是「複利」的概念,放長線釣大魚。

▎結論

在「資本利得和股利所得」或「現金股利和股票股利」的選擇上,沒有絕對的好壞。將視公司和產品處於生命週期的哪一個階段而定,這也和個人的投資屬性有關。

如果你是退休族或穩健型投資者,是依賴現金過生活的人,追求穩定現金收入,現金股利是好的選擇。會選擇股利穩定且財務狀況良好的傳產龍頭公司,平常不太需要關心公司股價的波動。

如果你是年輕族群或成長型投資者,會更重視中長期的資本利得,價差或股票股利可能更具吸引力。希望有發展潛力的公司,能將盈餘投入到再投資中。願意犧牲短期的現金回報,以期望未來獲得更大的報酬。

我們可以從股票分類中,很快辨識我們要投資的股票,究竟屬於哪類和風險有多高。

> 延伸閱讀
>
> 1. Harris 先生 /2024 年 6 月 ⇨ BCG 矩陣是什麼？為產品找市場定位 & 制定策略
> 2. 2021/08/26 MacroMicro ⇨【量化報告】一文看懂景氣循環下的產業輪動
> 3. 臺灣證券交易所股份有限公司上市公司產業類別劃分暨調整要點（112/12/05）
> 4. 證券櫃檯買賣中心 ⇨ 上櫃（興櫃）公司專區 ⇨ 上櫃（興櫃）公司資訊 ⇨ 上櫃（興櫃）公司資訊查詢 ⇨ 請選擇產業類別

4-2

成長績優股，以台積電為例

你常會看到或聽到，股票類型有成長型、績優型和景氣循環型等等。每種類型的股票，都有自己的個性，操作邏輯都不同，都是根據財報來選股。

成長股（Growth Stock）處於快速成長階段，投資風險較高。公司看重的是未來的成長性，可能選擇將盈餘用來再投資而不分配股利。大多屬於資訊、醫療保健、高科技等產業。但是很多成長型公司的成長力道都很有限，一段時間後就無以為繼了。

成長績優股（Growth Blue-Chip Stocks）的特徵是：強勁成長動能、持續創造收益、行業領先地位和股價持續創新高。結合「成長股」和「績優股」的特性，能吸引想獲得「資本利得與股利」的長期投資人。

本文不討論「成長股」，而是說明「成長績優股」。「成長績優股」的投資風險，會比「成長股」還低許多。「成長績優股」投資策略是長期投資（Buy&Hold），除非需要用錢

或達到財務目標才賣掉。

這類股票通常來自於各自行業中的龍頭公司，擁有穩健的經營紀錄，可能是半導體、高科技或甚至是傳統產業。雖然也會受景氣的影響：「在景氣不好時少賺，但還是賺很多；景氣好時就爆賺，讓投資人夢裡都會笑」。此類型的技術進入門檻極高，財報「綜合損益表的 3 率」也很高，不容易被取代。

成長績優股具備眾多優勢：

1）**市占率高**，擁有品牌知名度和客戶忠誠度，使其能夠在競爭激烈的環境中保持優勢。

2）**強大的成長動能**。不斷投入研發、擴大市場範圍或推動應用多元化，讓公司市值不斷攀升。

3）**具備定價能力**。可以漲價轉嫁給客戶且客戶不敢說不，「雖然心裡圈圈叉叉」的。

4）**穩定的股利政策**，會定期發股利給股東。獲利成長率超過通膨率，可以「**抗通膨**」。

成長績優股也有一些潛在風險：常受到投資人追捧，**估值也可能偏高**。當估值過高時，就是股價漲過頭了，漲到很誇張時，即使公司業績良好，股價仍可能面臨調整風險。隨著市場成熟或競爭加劇，公司成長速度可能減慢，**股價可能會出現壓力**。也會受到**總經、政策和市場**等因素影響。

我們選擇成長績優股要考量以下幾點：

1）營收年增長率在 5% 以上的公司。

2）財報中的 3 率和 ROE、ROA 等項目，也要持續成長。

3）自由現金流量（營業活動現金 + 投資活動現金）長期

要為正。表示公司有可持續的資金進行擴廠、能夠支持發展和發放股利。

4）最好了解一下公司在產業中的江湖地位和市占率，判斷是否具有競爭優勢，研發和創新也是重要指標。

5）穩定的股利政策，具備回饋股東的能力。

以台積電為例

依據上述的選股邏輯，早日找到成長績優股，盡早投資，享受長期「資本利得和股利所得」的雙重好處。台積電的股價曾經到 1160 元，會不會太貴已經到頂？投資價值不再？

當張忠謀和劉德音，在退休前都以實際行動買進公司股票，也建議投資人要買台積電股票，而魏哲家質押股票貸款大買公司股票。創辦人張忠謀身價突破千億元，董事長魏哲家、前董事長劉德音目前持股也有 6393 張和 12913 張（截至 2024 年 10 月）。

世界上市值前十大的巨獸，前 3 名競爭激烈，各有勝負名次輪動，一夕之間龍頭會換人做。台積電目前最佳成績是世界第 8 名，CEO 魏哲家不斷地告訴我們，AI 需求強勁是真實的，將持續數年！台積電未來還會好再更好。我是信了，你呢？

全球公司市值排名

1	蘋果	3.516 兆
2	輝達	3.386 兆
3	微軟	3.115 兆
4	谷歌	2.038 兆
5	亞馬遜	1.968 兆
6	沙烏地阿拉伯國家石油公司	1.746 兆
7	Meta	1.493 兆
8	台積電	9968 億
9	波克夏	9924 億
10	博通	8514 億

資料來源：網路　2024/10/15　　　　　　　　　　　　單位：美元

台積電的財報和股價

　　這些財報數字是自己撈資料，自己用 EXCEL 做成圖表，方便自己閱讀和研判。很多 APP 都有這些資訊，你可以方便取得不用自己處理。

　　台積電股價在 2025 年 1 月 7 日盤中創下歷史新高紀錄 1160 元，市值突破 1 兆美元大關！雖然台積電已經非常巨大，但公司依然在強勁成長，像個壯年人，還沒看到老態龍鍾的死樣子。最近台積電股價受到川普「關稅戰爭」的影響而重挫，但「現在不買更待何時」呢？以下為台積電股票的相關圖表，給各位讀者參考。

第 4 章　掌握選股策略，找到最適合你的投資方式

台積電獲利能力

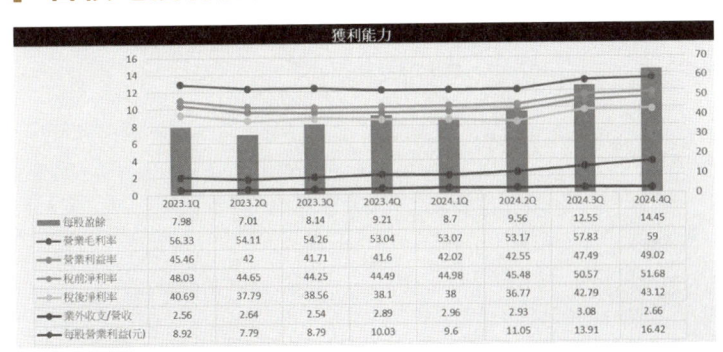

獲利能力

	2023.1Q	2023.2Q	2023.3Q	2023.4Q	2024.1Q	2024.2Q	2024.3Q	2024.4Q
每股盈餘	7.98	7.01	8.14	9.21	8.7	9.56	12.55	14.45
營業毛利率	56.33	54.11	54.26	53.04	53.07	53.17	57.83	59
營業利益率	45.46	42	41.71	41.6	42.02	42.55	47.49	49.02
稅前淨利率	48.03	44.65	44.25	44.49	44.98	45.48	50.57	51.68
稅後淨利率	40.69	37.79	38.56	38.1	38	36.77	42.79	43.12
業外收支/營收	2.56	2.64	2.54	2.89	2.96	2.93	3.08	2.66
每股營業利益(元)	8.92	7.79	8.79	10.03	9.6	11.05	13.91	16.42

台積電現金流量

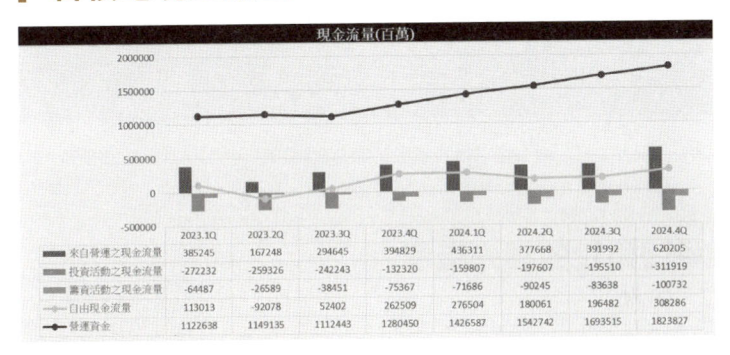

現金流量(百萬)

	2023.1Q	2023.2Q	2023.3Q	2023.4Q	2024.1Q	2024.2Q	2024.3Q	2024.4Q
來自營運之現金流量	385245	167248	294645	394829	436311	377668	391992	620205
投資活動之現金流量	-272232	-259326	-242243	-132320	-159807	-197607	-195510	-311919
籌資活動之現金流量	-64487	-26589	-38451	-75367	-71686	-90245	-83638	-100732
自由現金流量	113013	-92078	52402	262509	276504	180061	196482	308286
營運資金	1122638	1149135	1112443	1280450	1426587	1542742	1693515	1823827

台積電成長率指標

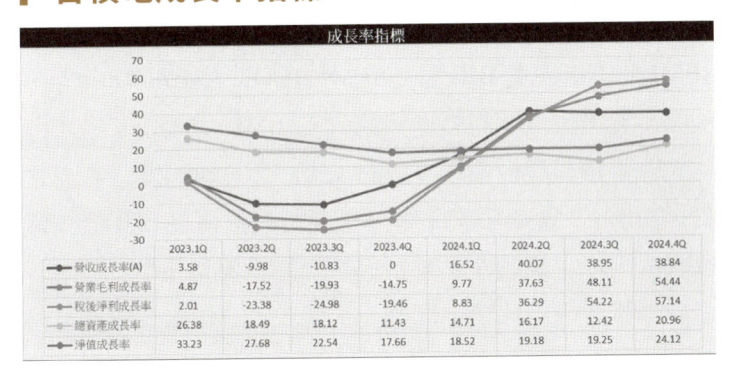

成長率指標

	2023.1Q	2023.2Q	2023.3Q	2023.4Q	2024.1Q	2024.2Q	2024.3Q	2024.4Q
營收成長率(A)	3.58	-9.98	-10.83	0	16.52	40.07	38.95	38.84
營業毛利成長率	4.87	-17.52	-19.93	-14.75	9.77	37.63	48.11	54.44
稅後淨利成長率	2.01	-23.38	-24.98	-19.46	8.83	36.29	54.22	57.14
總資產成長率	26.38	18.49	18.12	11.43	14.71	16.17	12.42	20.96
淨值成長率	33.23	27.68	22.54	17.66	18.52	19.18	19.25	24.12

211

台積電股票週 K 圖

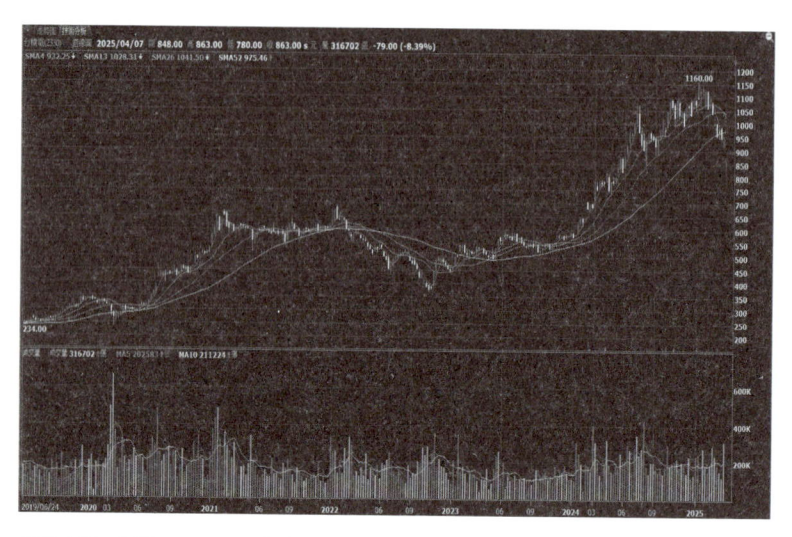

資料來源：富邦 e01，2330 台積電週 K 圖，2000/12/7~2025/4/7，2025/4/10 更新。）

半導體類股的領先指標

　　半導體類股占台股的權重不低，占台灣 GDP 和出口比重也很高。尤其是龍頭股台積電，更見觀瞻。台股的領先指標，通常是台積電。而台積電的領先指標，是半導體的 B/B 值。

　　SEMI 北美半導體 B/B 值（SEMI BOOK-to-Bill Ratio），是由國際半導體設備與材料產業協會（SEMI）所發布的指標。指北美地區半導體設備商「接到的未來訂單（Book）」與「實際出貨（Bill）」總金額的比率，得到的數值稱之 B/B 值，常被視為觀察全球半導體產業榮枯與景氣的重要指標。

　　由於半導體設備採購金額龐大，因此 SEMI 採「三個月移

動平均」的形式,將過去三個月訂單、出貨總值各自加總後平均,以得到的兩個平均數值來計算。B/B 值大於 1,代表廠商接單良好,未來景氣樂觀。B/B 值跌破 1,則反映出廠商接單情形在惡化當中。全世界對 B/B 值最敏感的區域,大概就是台灣了。SEMI 自 2022 年起停止公布北美半導體設備出貨金額,需付費會員才能得到資料,散戶就失去一個很好用的領先指標了。

台積電股價在 2030 年前會達 1500 元,你相信嗎?

2024 年聊天最熱門的話題,除了「青鳥活動」外,就是「台北國際電腦展(COMPUTEX 2024)」,聚焦於 AI 主題,在南港展覽館登場,輝達(NVIDIA)執行長黃仁勳等九巨頭將發表演講,堪稱是史上最強的 COMPUTEX 展。

生於台灣長於美國的 3 兆男黃仁勳,親民的作風是最佳的「愛台大使」,處處為台灣發聲,為台灣國際行銷。在台灣時,所到之處都颳起旋風,連 93 歲的張忠謀等一票科技業大老,都給面子一起吃飯逛夜市,將彼此競爭的公司連結在一起,為 AI 這個產業打拚。

在這個大趨勢下,該怎麼投資?不管晶片設計者如何火併,都規避不了「世界上唯一先進製程供應者」,扮演軍火商角色的台積電。

天選之股

被大型法人例如退休基金或主權基金等等挑中的股票,

中長期通常會有很好的表現。舉例之前的「金磚四國 BRIC（Brazil、Russia、India 和 China）」或「美股七大科技巨頭 Magnificent Seven（AAPL、MSFT、GOOGL、AMZN、NVDA、TSLA 和 META）」，到現在的「AI5（NVDA、MSFT、AMD、AVGO 和 TSM）」。因為全世界的資金大舉介入這些個股，不漲都難。

30 年前是 WINTEL 救台股，15 年前變成 AAPL 救台股，現在變成 NVDA 救台股，未來台積電就可以救台股。「一人救全村」的時代來臨。現在遇到股災時，國安基金護盤的對象，第一個就是台積電。

台積電生態系統讓大家一起發大財

台積電 ARD 為美國「費城半導體指數」成分股。台積電的晶片，變成日常生活用品，從航太、武器、手機、高速運算、AI、電動車，到量子電腦，都需要台積電先進晶片。晶片的重要性，已經大於石油，為台灣帶來能見度。以台積電為首的生態系統，帶動台灣原物料和設備供應商，還有 IC 設計業者一起成長，造就護國神山群。

現在美中爭霸，在地緣政治不確定因素下，台積電也扮演台灣國民外交的角色，到美、日、德設廠，回應外國政府和客戶需求。台積電先進製程，市占率 100%，簡直是個神話，也被巴菲特讚譽為地表最強的公司之一。先進曝光機，比戰鬥機還貴，而台積電廠內就一大堆。

以前念 MBA 時很羨慕美國的大公司（如 GE ／ WINTEL

／APPAL），一年的研發經費竟然比台灣全國研發經費還要多很多。而現在台積電也有這種能力，公司市值進入全球前10名，史上未見的台灣公司在世界上發光發熱。

台灣的韌性，大家不分彼此一起共度難關

1999 年「921 大地震」時，全世界關心的是「台積電災情」，政府第一時間供水供電的是新竹科學園區。

那時許多敵對公司的人運籌帷幄，先放下競爭的態度，利用自己的人脈和關係，一起從世界各地調度原物料，彼此支援。那時年輕的我們，工作很辛苦，花了一段時間才讓工廠完全恢復運作。但能與世界接軌，讓世界看見台灣，真是於有榮焉，工作是有光榮感的，員工走路有風。

而 2024 年的「43 花蓮大地震」，台積電一天內就恢復生產了，令世人覺得不可思議。台積電也幫忙購買疫苗幫助政府和國人，一起度過難關。也發揮良善的力量，幫助高雄氣爆整修家園等等義舉。

台積電股價早晚會看到 1500 元

從企管的觀點，偉大公司都有厲害的創辦神人，辛苦經營數十年，從無到有打下堅實的基礎。2018 年 6 月 25 日台積電創辦人張忠謀退休後，選對接班人，第 2 代接班人可以將公司繼續發揚光大，公司可以強盛到第 3 代或第 4 代，然後可能開始走下坡，不再偉大甚至平庸化，例如 GE 存在道瓊指數 100 年之後也被踢掉了，NVIDIA 於 2024 年 11 月 1 日取代

INTEL。

台積電全球研發中心2023年7月28日啟用後，張忠謀希望台積電不要「像英國海軍一樣」開始走下坡，CEO魏哲家強調台積電根留台灣的決心。未來一定充滿挑戰，但我認為未來的10年內，還是台積電一個人的武林，只要員工不要覺得驕傲而得意忘形，魏哲家也常以此自我警惕。

當時雙首長接班時，我判斷第2代接班人可以讓公司市值翻幾倍。那時股價約220元，我判斷5年內可以達600元，10年內達1000元。當時被人訕笑，結果才2年多（2021年2月），股價就到600元了。而當大家紛紛調高目標價到1000元時，我說股價要休息一段時間，先殺盤再洗盤，等大家都不談這件事後，股價才會忽然飆上去，於2024年7月4日股價收盤價為1005元。

1994年我入伍前，報紙每天大幅報導台積電「只要開門每天就賺進100萬元」，當時是天方夜譚，是台灣公司了不起的大成就。而台積電2024全年歸屬母公司稅後純益1兆1732億元，今天的台積電「每小時賺超過1億元」（11732÷365÷24=1.339億元）真是恐怖，未來產能全世界開花結果可能會挑戰每分鐘賺1億元。張忠謀退休前曾說，台積電創立30年來，為股東創造超過100倍的獲利，而現在應該超過300倍了。

台積電股價要發動，一定從ARD開始。張忠謀退休時，ADR才36美元左右，非常便宜，就算漲到100美元（2020年12月），在美股中也是很便宜。果然2年多，ARD就超過

100美元，台積電股價就拉到600元。未來ADR若漲到300美元，在美股AI股中還是非常便宜，台積電股價就會達到1500元，就是這麼簡單的邏輯。前提是：「製程持續精進，客戶群和生態系持續壯大。」

2025年熱門話題，除了「大罷免」外，就是川普發動的「關稅戰爭」。且台積電大舉加碼投資美國1000億美元，短期股價下修且已跌入熊市，但長期而言，公司前景依然很樂觀。股價進入甜蜜點，有錢就持續買進不用擔心太多。

台積電持續挑戰製程微縮極限，透過3D封裝，要整合超過1兆個電晶體，確保技術領先到2030年。所以台積電在2030年前，股價會到1500元，你相信嗎？

> 延伸閱讀
> 1. 2024/11/02 今周刊 ⇨ 昔日王者OUT！輝達取代英特爾「納入道瓊指數成分股」，生效日出爐…黃仁勳「分割股票」推一把
> 2. 2024/11/02 中央社 ⇨ 日媒曝台積電先進曝光機年底交貨　造價等同3架F-35戰鬥

4-3 景氣循環股,以航海王為例

景氣循環股(Cyclical Stocks),股價表現與景氣密切相關。在經濟擴張或景氣上升時,公司的表現會很好,連帶股價上揚或飆漲。反之,在經濟衰退或景氣下降時期,公司和股價的表現則會相對疲弱。

2021年長榮海運(2603)發出平均40個月的年終獎金震驚市場,航運百年難得一見的大好行情,也讓航運股成為投資人追捧的熱門標的之一。然而,大漲後隨之而來的大跌,也讓許多投資人措手不及,到底航運股值得投資嗎?投資時又要注意什麼呢?

景氣循環股是:「經濟擴張時,人們消費能力提升,需求上升,供不應求,造成公司營收增加。反之,經濟衰退時,需求下滑,供過於求,公司營收隨之下降。」而包括銀行、保險、投資公司等金融機構:經濟擴張時,借貸需求增加,利率上升;經濟衰退時,違約率上升,借貸減少,利率下降。2008年金融海嘯,利率甚至降到負值,真是不可思議。

景氣循環股因產品價格隨景氣波動，對公司獲利影響甚鉅，以 DRAM 和面板（曾名列四大「慘業」）、石化、鋼鐵、水泥和航運最具代表性。景氣循環股的投資策略，都是根據財報來選股，不適合長期持有，一定是波段操作，與成長績優股完全不同。

注意事項

熟悉景氣循環並能把握時機的投資人，會帶來豐厚回報，但經濟週期非常難以預測。任何股票包含防禦性類股，無法避免景氣帶來的影響，只是影響程度大小而已。

股價會大幅波動，意味著投資風險大。景氣變好時，股價往往提前反應，成為投資人追逐的標的，股價上升幅度可觀，會成為飆股。若經濟變差或經濟衰退時，股價會面臨嚴重的下跌，變成雞蛋水餃股。

應該要挑選財務健康、競爭力強和「活過好幾次景氣循環」的大公司。

GDP 成長率、失業率、通脹率、貨幣政策、財政政策、關稅政策、基礎設施政策和產業政策等等，會影響不同產業。易受全球經濟、地緣政治、自然災害、國際貿易、匯率、戰爭等因素的影響，例如國際油價和運費。不可預測的突發事件，如 2008 年金融海嘯和 2020 年 COVID-19 和 2025 年川普「關稅戰爭」等，股價往往受到更大的影響。

投資策略

在景氣衰退或景氣低谷時，適合長線投資人的「逆勢策略」。股票逢低買進，等待景氣回升股價上漲時賣出。

在景氣擴張時期買入，並在景氣到頂或衰退前夕賣出，適合波段投資人的「順勢策略」，可以避免逆勢時承受大幅波動。

有些產業的龍頭公司，即使在景氣衰退期，仍具有強大的市占率和競爭優勢，財務健康且能安度景氣危機。投資人可以在股價低迷時，持續定期定額買入，分攤成本，未來獲利必定很可觀。逢低加碼長期持有，也會有超額報酬。

投資成長績優股，是「高 EPS（每股盈餘）和低 P/E（本益比）」時買進。EPS 高表示公司賺錢，P/E 低代表公司的價格被低估。但**景氣循環股，投資邏輯「完全相反」。要在「高 P/E 和低 EPS 或公司虧損的時候（沒有 EPS）」買進**，這裡可能是景氣循環的低點和股價低點；而在公司賺錢時，「低 P/E 和高 EPS」賣出，可能已經在景氣循環的高點和股價高點。

台灣的某些景氣循環股，因國際競爭力衰退，撐不過景氣循環而公司破產下市。或在景氣轉好時，股價反彈幅度越來越小。有疑慮的公司股票，最好還是不要碰，買賣股票都以財報為主。

貨櫃三雄航海王的大時代來臨

景氣循環的主因是「供需不平衡」，當景氣變好時：
1）消費的需求大增，產品供不應求，例如：旅遊業和不

動產業等等。

2）產業從需求到恢復供給有巨大時間差，例如：石油業和航運業等等。有興趣的讀者，可以參考「啤酒遊戲」。這款桌遊類似大富翁，2003年我在美國進修時玩過，利用簡單的遊戲規則，可以精闢解釋「景氣循環和啤酒供應鏈管理」，讓我印相非常深刻。

貨櫃三雄：萬海（2615）、長榮（2603）和陽明（2609），本文以股價最高的萬海來說明。之前幾十年，大家都只知道航運股是景氣循環股，股價有高有低，在一定的區間內震盪。但從來沒人想到航運股竟然也會成為大飆股，稱之為「航海王」的大時代。

主因是2020年3月爆發COVID-19，全球經濟進入大蕭條，百工百業凋零，甚至死亡人數每天創新高。全世界封國封城，限制人民遷徙、強制戴口罩和施打疫苗。各國央行莫不卯足全力印鈔票救市，在各國政府和人民的努力之下，運輸業先復甦，因為要運送大量物資，包含糧食、醫療器材和高科技產品，到世界各地救援。

當時航運需求暴增，現有船隻無法滿足市場需求，就變成賣方市場，運費價格因而升高，公司暴賺和財報表現亮眼，滿足了員工分紅、股東股利和壯大船隊規模的大量資金。而當年為了要滿足市場需求，各航運公司紛紛下訂新船隻。等到新船正式交貨航行，至少也要2~3年後，到時又供過於求，導致運費報價下滑，公司獲利也一起衰減。

萬海的財報和股價

這些財報數字是自己撈資料，自己用 EXCEL 做成圖表，方便自己閱讀和研判。很多 APP 都有這些資訊，你可以方便取得不用自己處理。

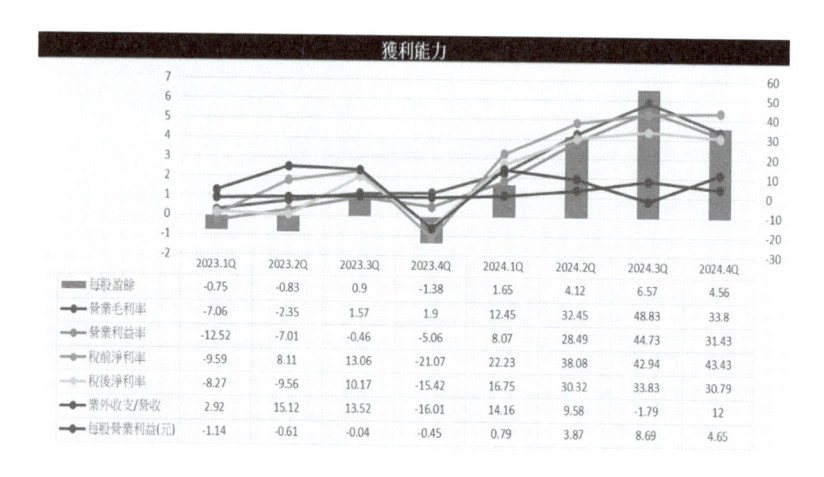

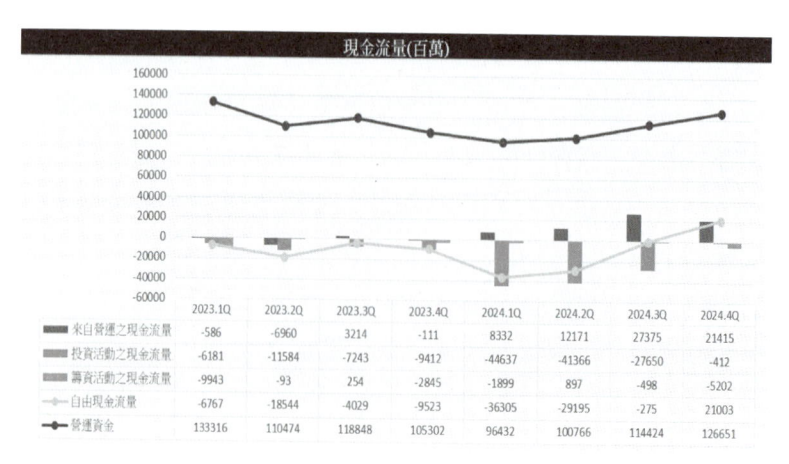

獲利能力

	2023.1Q	2023.2Q	2023.3Q	2023.4Q	2024.1Q	2024.2Q	2024.3Q	2024.4Q
每股盈餘	-0.75	-0.83	0.9	-1.38	1.65	4.12	6.57	4.56
營業毛利率	-7.06	-2.35	1.57	1.9	12.45	32.45	48.83	33.8
營業利益率	-12.52	-7.01	-0.46	-5.06	8.07	28.49	44.73	31.43
稅前淨利率	-9.59	8.11	13.06	-21.07	22.23	38.08	42.94	43.43
稅後淨利率	-8.27	-9.56	10.17	-15.42	16.75	30.32	33.83	30.79
業外收支/營收	2.92	15.12	13.52	-16.01	14.16	9.58	-1.79	12
每股營業利益(元)	-1.14	-0.61	-0.04	-0.45	0.79	3.87	8.69	4.65

現金流量(百萬)

	2023.1Q	2023.2Q	2023.3Q	2023.4Q	2024.1Q	2024.2Q	2024.3Q	2024.4Q
來自營運之現金流量	-586	-6960	3214	-111	8332	12171	27375	21415
投資活動之現金流量	-6181	-11584	-7243	-9412	-44637	-41366	-27650	-412
籌資活動之現金流量	-9943	-93	254	-2845	-1899	897	-498	-5202
自由現金流量	-6767	-18544	-4029	-9523	-36305	-29195	-275	21003
營運資金	133316	110474	118848	105302	96432	100766	114424	126651

第 4 章 掌握選股策略，找到最適合你的投資方式

成長率指標

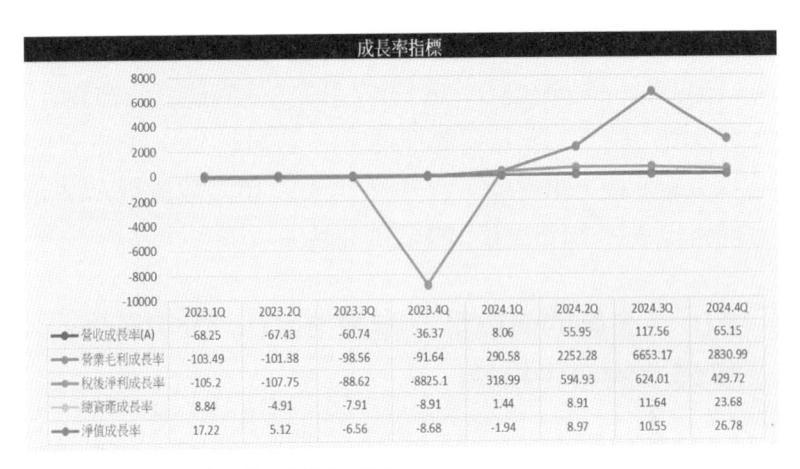

	2023.1Q	2023.2Q	2023.3Q	2023.4Q	2024.1Q	2024.2Q	2024.3Q	2024.4Q
營收成長率(A)	-68.25	-67.43	-60.74	-36.37	8.06	55.95	117.56	65.15
營業毛利成長率	-103.49	-101.38	-98.56	-91.64	290.58	2252.28	6653.17	2830.99
稅後淨利成長率	-105.2	-107.75	-88.62	-8825.1	318.99	594.93	624.01	429.72
總資產成長率	8.84	-4.91	-7.91	-8.91	1.44	8.91	11.64	23.68
淨值成長率	17.22	5.12	-6.56	-8.68	-1.94	8.97	10.55	26.78

萬海的獲利能力、現金流量、成長率指標圖。

　　妖股通常長成如下圖這著樣子，很短的時間內（1 個月到 1 年多）大漲（1 倍到 30 倍以上）。它必須有很好的故事性，然後行情就結束了，即使財報還很好。

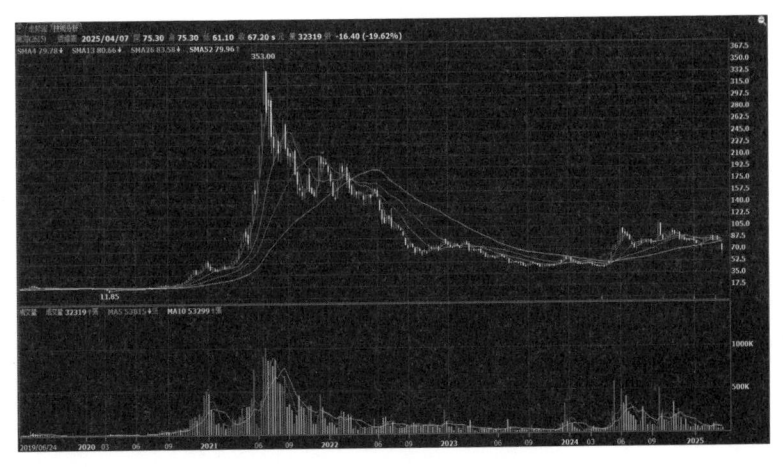

（富邦 e01，2615 萬海週 K 圖：2020/12/7~2025/4/7。2025/4/10 更新）

223

股市最大的利多就是「股價夠低」。股價從 2020 年 9 月 24 日從 19.2 元開始起漲，2021 年 7 月 1 日達到最高點 353 元，然後股價一路下滑，震盪整理再下滑至 2024 年 4 月 18 日跌到 42.7 元，接下來震盪漲到 2025 年 4 月 10 日收盤價 67.2 元（2024 年 9 月 27 日曾達 109 元的高點）。

BDI（波羅的海乾散貨指數 Baltic DryIndex）是經濟的領先指標

許多經濟指標，例如失業率和油價等等，比較容易受到政府政策和機構投資人的影響和操縱，但是 BDI 指數卻相對真實。有運送需求的人才會下訂單，進而影響運費報價。BDI 指數能看出對原物料的需求，而原物料市場又代表了景氣循環週期的復甦階段。透過 BDI 指數，可以看出經濟環境目前的趨勢，經濟增長代表股票價格、商品價格和以商品為基礎的貨幣價值也可能會增加。

BDI 指數是由 40% 海岬型（BCI）、30% 巴拿馬（BPI）和 30% 輕便型（BSI）權重計算得來，衡量鐵礦砂、煤炭、穀物等運輸成本，為全球經濟領先指標。影響因素：全球 GDP 成長率；全球鐵礦及煤礦運輸需求量；全球穀物運輸需求量；全球船噸數供給量；國際船用燃油平均油價、戰爭及天然災害。

BDI 指數於 2008 年 5 月 20 日達到 11,793 點歷史紀錄，一路下跌到 2016 年 2 月 10 日創下 290 點新低，其後有所回升。如果要買航運股，要有耐心，至少等到 BDI 指數回到 1,500 點以上再說。

BDI 指數：2020 年 9 月 20 日為 2,131 點；2021 年 7 月 5 日為 3,224 點；2021 年 10 月 6 日相對高點為 5,647 點；2023 年 10 月 12 日為 1,935 點；2024 年 5 月 2 日為 1,774 點；2024 年 11 月 18 日為 1,756 點；2025 年 4 月 9 日為 1,259 點。而當 BDI 指數回跌時，要小心航運股的股價也跟著回跌。參考 BDI 指數進出，雖然不是很精準，但總比瞎子摸象好，也是一種投資策略。買進時機或許會錯過起漲點，但之後有機會可以享受一大段行情。

萬一被套牢時，如果公司財報持續成長，可以繼續持有股票等解套。但如果 BDI 都大幅回檔且在低檔 1,500 點以下盤旋一段長的時間，可能要先認賠退出。否則要等好幾年才能遇到下個景氣循環且這段期間公司可能不配息，你的資金運用會沒效率。

回顧和展望

2020 年 3 月的 COVID-19，百年一見的疫情，對全球航運業產生了重大影響：

1）**全球供應鏈中斷**。許多國家封國封城，歐美主要港口擁堵，影響貨物的裝卸和運輸，導致貨櫃短缺、貨物周轉率降低、交貨延遲和成本上升。

2）**全球大封鎖**措施限制了人員流動，全球貿易活動減少，運貨量和載客量大幅下滑，影響公司營收，財務壓力大增。

3）各國加強對船員的健康檢測，增加船隻和港口的衛生措施，這些措施**提高了運營成本**。船員更替困難，許多國家

限制船員上下船，導致航行時間延長，船員人力成本增加。

4）疫情初期，全球石油需求驟減，使航運公司在燃料成本上有所緩解，隨著需求恢復和地緣政治因素，油價波動加劇，給航運業帶來不確定性。2020年4月21日凌晨，紐約期貨商品交易所（NYMEX）西德州原油期貨史無前例的出現負值交易，最近期契約的結算價落在負37.63美元，投資人也都感受到**價格波動的風險**。

5）**航運業加速數位轉型**，包括貨物追蹤、文件電子化以及自動化技術的應用。

6）**推動嚴格的環保法規**，要求船運公司加快向低碳、環保的營運模式轉型。

目前海運仍然有不可取代的地位，且運輸量遠大於空運。全世界重要航線，例如巴拿馬運河（連接大西洋和太平洋）、蘇伊士運河（連接地中海和紅海）和馬六甲海峽等等。每當有事，不管是天災還是人禍，例如：巴拿馬運河因全球暖化而水位下降，航班大亂；海盜事件、官員貪污；或是2021年3月23日蘇伊士運河長榮海運貨櫃船長賜輪的擱淺阻塞事件等等而必須繞遠路時，雖然費用也會增加，但運費就調漲且轉嫁給消費者，也間接帶動公司獲利。

股市投資人關注巴菲特在日本的籌資行動，會利用從債市籌得的資金買進日本股票。先前加碼日本五大商社股票，帶動了日經225指數在2024年7月11日創下新高（42,485點）。一些分析師推測，巴菲特會將投資標的擴大至銀行、保險公司和航運業者等其他類股，有望帶動日股進一步上漲。

時代真的變了，本來台灣的航運類股，有些公司甚至快

破產了,還好 2020 年開始華麗轉身。這些公司暴賺之後,有機會變身傳產龍頭績優股,可能會有更穩定的成長策略和股利策略。我們可以拭目以待。

要避開中國大傾銷的產業

所有景氣循環股都一樣,股價有高有低,很容易變飆股,更容易變雞蛋水餃股。但如果遇到中國政策支持和產能過剩的大傾銷產業,大概就完蛋了,例如,鋼鐵、水泥、石化、低階半導體晶片製造、DRAM、面板、LED、電動車、太陽能電池、鋰電池等等。投資人要盡量避開這些「慘業」,避免投資血本無歸或解套遙遙無期。

延伸閱讀

1. 2022/11/08 Mr.Market 市場先生 ⇨ 航運股推薦嗎?投資航運股有什麼優勢跟風險
2. 2021/02/07 Mr.Market 市場先生 ⇨ BDI 指數是什麼?BDI 指數漲跌代表什麼意義
3. 2024/10/10 經濟日報 ⇨ 巴菲特要敲進日本金融股?波克夏完成發債 2,818 億日圓
4. 2024/04/16 天下雜誌 796 期 ⇨ 圖解速懂:中國倒貨 2.0 哪些產品已被各國反制?這次為何更難纏?

4-4
價值配息股，
以日常必需品為例

我們常會聽到「價值股」和「配息股」，實務上，我就乾脆將兩者合併成「價值配息股」一起談。

▎價值股（Value Stocks）

價值股，是指市場價格低於內在價值的股票，核心概念認為「長期而言，股價會回歸到股票的內在價值」。投資人買進價值股，等於在便宜的時候買進，並預期未來股價會回歸至公司合理的價值。但要判斷公司的內在價值，非常困難。

年輕時的巴菲特喜歡「撿菸屁股」，是價值型投資者，他認為這些股票被低估，一旦市場重新評價，未來有潛力獲得較高的報酬率。但查理・蒙格（Charles Thomas Munger）讓巴菲特從「猩猩」進化成「股神」！從此巴菲特更像是「價值成長型」投資人，也造就波克夏神話。

價值股的特徵：

1）低 P/E，市場對未來成長前景的預期較低。

2）低 P/B，反應公司價值資產被低估。

3）高殖利率。相對於較低的股價，公司通常支付穩定的高股利，對想要獲取穩定現金流的投資人有吸引力。

4）在行業中具有龍頭地位，市占率高，擁有穩定的現金流量，能夠抵禦景氣循環，繼續為股東創造價值。

5）多屬傳統產業，成長穩定和經營風險較小，例如銀行、能源、公用事業、日常用品和工業等等。

6）價值股的成長速度低於成長股，所以投資風險也較低。

7）通常來自傳統產業，未來可能受到技術、政策、市場錯誤評價、產業風險和景氣衰退的影響，導致股價進一步下跌。

配息股（Dividend Stock）

配息股，又稱為高股息股票，定期發放股利給股東。這類公司，主要是傳統產業，這些公司有強大的競爭力，抵抗風險能力也較強，能夠在景氣低迷時保持穩定配息。但成長潛力可能較為有限，能創造穩定的現金流量和獲利，且能夠定期支付股利。

配息股的特徵：

1）公司經營模式是保守低風險，能穩定產生現金流量。

2）通常會在季度、半年或年度結束時支付股利，使股東可以獲得穩定的現金流，可以吸引退休人士或希望增加被動收入的投資人。

3）公司將一部分盈餘支付股利分配給股東，而未能保留

足夠資金再投資,來支持公司成長,因此成長速度相對於那些不支付股利的公司慢。

4)配息率通常較高。但配息率高低其實和投資報酬率沒什麼關係,除息後完全填息才有意義。

5)配息率過高,可能是公司股價低迷。

6)景氣衰退或公司業績不佳時,可能會減少或暫停發放股利。

7)如果通膨率上升,實際收益率可能會下降,對投資人吸引力會降低。

8)殖利率是評估股票投資報酬率的一種指標,高低與公司的股價和股利政策密切相關。

股票殖利率和股票配息率

股票殖利率要考慮因素:

1)高殖利率的股票,可能是公司股價下跌所導致。也可能是公司財務狀況惡化經營困難,投資人對未來前景缺乏信心。這類公司雖然殖利率看似吸引人,但如果公司無法持續獲利賺錢發放股利,投資人可能會面臨虧損,投資這樣的公司反而風險更高。

2)低殖利率的股票,反而有時更具潛力。成長型公司通常會選擇少發或不發股利,因為需要將更多資金投入到企業的擴展。這些公司通常具有較強的成長潛力,未來股價可能有較大的上升空間。

3)股票殖利率不代表報酬率,投資人要考慮的不僅是殖

利率的絕對值,還要看公司本身的財務、成長力和股利政策。

再三提醒,「股票配息率(payout ratio)= 每股股利÷每股盈餘(EPS)×100%」和「股息殖利率(dividend yield)=(每股股利÷股價)×100%」是不同的,看英文反而比中文容易懂,所以投資人千萬不要搞錯。還要定期檢查公司的現金流量、盈虧和負債等訊息。還有股利政策,確保公司有能力持續發放股利。

價值配息股

價值配息股,指的是具有穩定派發股息的股票,通常屬於財務狀況穩健、營運穩定的龍頭企業。相比於成長股,價值配息股的資本增值空間相對較小,投資人要的是穩定配息和長期投資回報。

價值配息股,在市場不確定時,具良好的防禦能力。風險則來自於市場波動、公司業績下滑或特定行業衰退,若無法持續穩定配息,甚至減少或取消,將面臨「股價和股利」雙殺的風險。

高利率環境下,會轉向其他固定收益的投資商品;但在低利率環境下,價值配息股收益會更明顯。選擇價值配息股時應考慮的因素為配息率、殖利率、財務狀況和配息紀錄。

一些行業,又稱為抗週期股(Defensive Stocks),如公用事業、醫療保健和消費必需品等等,成為價值配息股的候選者。抗週期股,主要依賴於基本需求,即使在景氣衰退時表現相對穩健,適合「風險承受力低」和「追求穩定回報」

的長期投資人。

日常必需品

MOMO 富邦媒（8454）、統一超商（2912）、台灣大哥大（3045）、台灣高鐵（2633）和台積電（2330）等等和日常生活密不可分的必需品，是投資的好標的，如果是特許行業或國家政策支持會更好。

1. MOMO 是台灣電商龍頭，是目前唯一賺錢的電商平台

在疫情期間，因為大家減少外出機會，造成在家購物和在家上班的機會大增，也成就 MOMO 竟然股價從 200 多元暴衝到 2190 元，P/E（本益比）超過 120 倍。但疫情過後，激情過後，股價回到現實。P/E 太高，超逾歷史高點太多，就會變成本夢比，如果被套在高點，沒有及早賣股退出，絕對變成一場惡夢。

MOMO、蝦皮、PChome 網家（8044）、和 Coupang 都算電商平台，大家要搶台灣市場。蝦皮有中資背景，總部設立在新加坡；PChome 網家（8044）經營不善；酷澎是韓國在美上市企業，最近強勢硬碰硬 MOMO，削價競爭，提供非常好的價格優惠，讓消費者受益良多。

2. 超商雙雄，統一超（2912）和全家（5903）

統一超全國展店突破 7000 家，之所以這麼慢的原因之一，就是怕被列入「壟斷」調查。但因全家近年突飛猛進，小七

才又跨大步向前。

2017年7月，由羅智先董事長親自到證券交易所的發布中心公布，「統一企業將出售上海星巴克20%股權、統一超商出售30%股權給美國星巴克」，合計處分利益為334.51億元。而2020年的COVID-19，造成中國星巴克獲利大減，也算是運氣好躲過一劫。

統一企業（1216）與統一超商（2912）公告併購台灣家樂福60%持股，於2023年6月30日完成交割，總計將給付交易價金約10.02億美元（約新台幣311.64億元）。統一集團2024年9月19日宣布，正式與Yahoo完成Yahoo台灣電子商務業務的合資，在此新的合作架構下，統一集團和Yahoo分別持有電商合資公司80%與20%股份。PChome網家（8044）與統一集團於2024年10月23日晚間雙雙發布重訊，網家公告決議辦理私募普通股，統一宣布董事會決議認購網家私募普通股。統一參與PChome私募成「持股30%大股東」。統一集團併購大步向前走，自己要先有底氣，財務健全、有錢且超會賺錢，然後趁對手經營不善或財務出問題時，折價收購納入自己的版圖。

有些公司賣掉資產，所產生的一次性大額收益，會造成當年度的盈餘大幅飆高，股價也會有表現。但之後會逐漸回歸正常，甚至因為賣到金雞母，而後公司營收越來越慘，最後公司一厥不振，還好統一企業和統一超沒這個問題。

統一企業1967年成立，1987年12月28日在證交所上市，股票代號1216。統一企業集團以統一企業（1216）為中心，事業版圖橫跨零售、物流、貿易、投資、建設和職棒等領域；

旗下最大子公司是統一超商（2912）為跨國連鎖超商。買了就擺著，也不用怕被套牢。統一集團（1216）除現在的金雞母統一超商（小七）之外，將整合集團資源變成超級「大七」，且要挑戰台灣電商的龍頭 MOMO。

統一企業繼併購 Yahoo 台灣電子商務、再度宣布以認購網家全額私募增資股入主網家後，國內電商龍頭 MOMO 總座表示：「統一集團也覺得電子商務的線上市場很有發展空間，這與 MOMO 的看法一致，也就是台灣電商占整體零售僅 13% 還不是很擠，相比美國、南韓及大陸等市場的電商占比 30% 以上，台灣電商未來還有成長空間是可以期待。」

2024 年 10 月 23 日網家收盤價為 31.75 元，然後連續幾天跳空漲停鎖死，一路漲到 2024 年 11 月 7 日盤中相對高點 61.8 元，然後就震盪大跌，快接近起漲點 30 元左右。2024 年 10 月 23 日前的成交量，也由幾百張擴大到一萬多張。網家的財報依然很糟，就是炒作行情，投資人要小心。

3. 電信三雄，中華電（2412）、台灣大（3045）和遠傳（4904）

長期投資人應該可以安心持股。中華電市占率約 40%，台灣大約 30%，遠傳接近 30%。獲利能力長期以中華電最優，台灣大次之，遠雄較差。

中華電因為政策要求，政府逐漸賣出持股，直至 2005 年 8 月 18 日政府持股比例降至 50% 以下，名義上才轉變成民營化公司。許多頻寬和基礎建設也被釋放出來，成就了台灣大和遠傳，還有其他業者。隨著時間的推移，台灣大就逐漸追

上來了。

太太當年買台灣大，因為股價比中華電便宜，正確時間忘記了，持股時間有可能超過 15 年了。投資策略 Buy&Hold，之前平均每年殖利率還有 5%，近年來股價不斷創新高而造成殖利率下降。但這些年來不但穩賺配息還有資本利得，持股早就已經是零成本了。

4. 台灣高鐵（2633），全國唯一

台灣高鐵本來是 BOT 案，開始興建後，就因工程難度、921 地震等，預算不斷追加，政府零出資的美夢很快破滅。結果經歷一大堆事情後，財務也出了問題，需政府出手，然後在一長串的改革之後，變成國營事業。

2018 年起，過年拿紅包錢幫女兒投資高鐵，Buy&Hold 到現在。這種股票，除非遇到 2020 年 COVID-19 這種大災難，全球的經濟活動瀕死狀態，否則不用太擔心。若遇股災下跌，再進場加碼，平常至少可以穩穩賺取股利，或許還有機會賺取資本利得。高鐵因為有政策因素干擾，所以當政府指示要延伸到屏東或宜蘭時，股價就會大跌，這也是買進的好時機。

5. 台積電（2330），全球唯一

台積電是護國神山，也是台灣之光，我將之視為日常必需品。沒有台積電的先進製程晶片，全世界科技不會進步，會倒退回以前沒有智慧型手機的時代。許多的諾貝爾醫學獎、物理學獎和化學獎得主，都和理論計算有關，而這些都需要台積電的晶片，有些人也來過台灣，和台灣很有緣分。

台積電算是「成長股」、「績優股」、「景氣循環股」、「價值股」、「配息股」，也算是「成長績優股」和「價值配息股」。這種全方位的股票，就算1160元買到，或許短期會套牢，但長期而言，還是有很大的獲利空間。

結論

在 2025 年川普的「關稅戰爭」中，超商、電信和高鐵這些「價值配息股」的股價相對抗跌，是值得保守型投資人可以「抱緊處理」的投資標的。

> **延伸閱讀**
> 1. 2020/12/31 yahoo! 新聞 ⇨ 星巴克 2020 年慘淡羅智先 3 前年出清上海星巴克持股堪稱「神來之筆」
> 2. 2023/06/30 yahoo! 股市 ⇨ 統一集團併購家樂福斥資 311 億元完成交割
> 3. 2023/09/20 yahoo! 股市 ⇨ 統一與 Yahoo 電商合資完成
> 4. 2024/10/24 數位時代 ⇨ 網家股價奔漲停！統一參與 PChome 私募成「持股 30% 大股東」，羅智先併購雅虎後再獲電商戰力
> 5. 2024/10/25 工商時報 ⇨ momo 總座：台灣電商成長可期
> 6. 2024/11/19 今周刊 ⇨ 網家（8044）在統一入股後，股價 26.9 → 61.8 元，為何突然打入跌停？達人示警：電商妖股「這時間點」恐利多出盡
> 7. 維基百科 ⇨「統一企業 1216」、「中華電信 2412」、「台灣高鐵（2633）」

4-5 警示股、轉機股和飆股

關於投資,除了之前討論的「4-2 成長績優股」、「4-3 景氣循環股」和「4-4 價值配息股」之外,我們還會常聽到的「警示股」、「轉機股」和「飆股」到底是什麼?

在股票市場中,「警示股」、「轉機股」和「飆股」,代表不同的機會和風險,本文來說明這三類股票的特點和注意事項。

警示股

被交易所列為「警示」的股票,又區分為「注意」和「處置」,通常是因為公司出現「財務困難、營運不佳或股價波動異常」的情況。有價證券都一樣,處置措施包含延長撮合時間、預收款券等等,是為了使投資人有充分時間判斷基本面財務狀況並注意交易風險,以保障投資人權益。

公布「注意」有價證券之處置措施如下:在有價證券交易市場每日收盤後,證交所會分析上市有價證券交易,一旦

發現異常情形時，會公告該證券名稱及其交易資訊內容（漲跌幅度、成交量、週轉率、集中度、本益比、股價淨值比、券資比、溢折價百分比、借券賣出數量、當日沖銷百分比等），提醒投資人應於下單投資前，先查詢公布注意有價證券，加強自己對異常個股的風險意識。

　　股票藉由較能凸顯公司營運風險之七項指標，透過彙總列示方式，協助投資人快速重點檢視長期虧損淨值偏低或董監持股成數不足……等公司之財務、營運概況，藉以達到提醒投資人注意之效果，強化預警功能。被公開資訊觀測站列入財務重點專區並不表示該公司財務業務狀況立即有問題，專區揭示結果與投資該公司之盈虧也無絕對必然之關係。該專區之設置目的為提醒投資人注意投資股票風險，並作為投資決策的參考。財務重點專區有七項注意指標：

　　指標1：變更交易方法或處以停止買賣者（有關交易方法變更之實施日期以公告日為準）

　　指標2：最近期財務報告每股淨值低於10元且最近連續三個會計年度虧損者

　　指標3：最近期財務報告每股淨值低於10元且負債比率高於60%及流動比率小於1.00者（金融保險業除外）

　　指標4：最近期財務報告每股淨值低於10元且最近兩個會計年度及最近期之營業活動淨現金流量均為負數者

　　指標5：最近月份資金貸與他人餘額占最近期財務報告淨值比率達30%以上者（金融保險業除外）

　　指標6：最近月份背書保證餘額占最近期財務報告淨值比

率達 150% 以上者（金融保險業除外）

指標 7：其他經臺灣證券交易所綜合考量應公布者

（以上資料來自公開資訊觀測網站：https://pse.is/7d2zla）

公布「處置」有價證券之處置措施如下：

1）該有價證券以人工管制之撮合終端機執行撮合作業（約每 5 分鐘或每 20 分鐘撮合一次，變更交易方法有價證券約每 10 分鐘或每 25 分鐘撮合一次，變更交易方法且採行分盤集合競價交易方式之有價證券約每 45 分鐘或每 60 分鐘撮合一次）。

2）通知各證券經紀商於受託買賣交易異常之有價證券時，對全部或委託買賣數量較大的委託人，收取一定比例或全部的買進價金或賣出的證券。

3）限制各證券商申報買進或賣出該有價證券的金額。

4）通知各證券商於買賣交易異常的有價證券時，增繳交割結算基金。

5）暫停該有價證券融資融券交易。

6）報經主管機關核准後停止該有價證券一定期間的買賣。

如果分析師推薦的股票，導致相關股票異常連續上漲或下跌，或其內容涉有誇大不實及誤導投資人情形時，就可能會被「點名作記號」。參考資料可到以下網站查到：臺灣證券交易所 ⇨ 市場公告 ⇨「投資理財節目異常推介個股」和「特殊異常有價證券」。

如發現重大損害投資人權益之事項時，會將其有價證券變更交易方法，同時列入「公開資訊觀測站之財務重點專區」，並將異常事項通知各證券商於營業處所張貼公告，以利投資人了解特殊異常有價證券之訊息。

為防止有問題的上市公司影響股票交易及投資人權益，依照「臺灣證券交易所營業細則第 49 條」規定，當上市公司發生財務危機，或未於會計年度終結後 6 個月內召開股東常會完畢等因素，會被變更原有交易方式，列為「全額交割股」。而投資該類股票的風險程度較高，其交易方式也與普通股不同。證券經紀商在接受委託人委託買賣全額交割股時，會先向委託人收足款券，才會辦理買賣申報。

處置股買賣的方法和風險

「圈存交易」又稱為「預收款券」，投資人在下單之前，須將全部之買進價金或賣出證券，先行繳交證券商，才能輸入委託。圈存交易最大的特色是有多少能力做多少事，投資人可以控管風險。

舉例：證交所曾在 2024 年 8 月 6 日將台積電被列為注意股！注意股只是提醒，撮合方式還是維持正常的盤中逐筆交易。被列為「注意股」後，若交易狀況仍持續異常，符合警示股票標準，即會列為「處置股」。若於 30 個營業日內，第二次遭列為「處置股」，投資人僅得透過圈存方式交易該股票，目的主要係透過較多的交易限制降低市場對該股票的熱度。

另外常見的限制信用交易股票還有「變更交易方法股票」及「管理股票」。**變更交易方法股票，即俗稱「全額交割股」**。當公司因財務發生困難，股價跌到淨值以下，發生退票情形，或是未在規定時間內公告每一季的財務報告等，即會被列為變更交易方法股票。而原本在集中市場交易的全額交割股，下市後轉到櫃檯買賣中心繼續交易，則會被列為「管理股票」。被列為「變更交易方法股票」及「管理股票」後，交易前須具備足夠的券款始得下單。

另外，常用的「定期定額」也是圈存交易的一種，投資人必須在買進日的前一個交易日將約定金額存進帳戶內。

處置股是指交易異常的股票，跟公司經營狀況無關。處置股採全額交割、分盤交易，不可以融資券和當沖，交易下單畫面就會清楚顯示。當股票由注意股變成了處置股，就有流動性的問題。**處置股的風險高，可能面臨暫停交易或被下市的風險，適合風險承受能力強的投機者。股市中有很多好股票，不用這麼冒險。**

▌轉機股

轉機股，指的是公司基本面有重大改善潛力的股票。可能是業務轉型、管理層更換或新產品上市等因素，有望從經營困境中轉變為成長型企業。投資人可判斷該公司轉型成功的機率來提前布局，但需承受轉型失敗的風險。

舉例台灣之光 Acer，宏碁（2353）曾因決策錯誤陷入低潮而連續三年虧損。2013 年受宏碁創辦人施振榮延攬陳俊聖

於 2014 年出任全球總裁暨執行長、2017 年擔任宏碁董事長暨執行長，大刀闊斧實行改革，改善財務狀況，讓宏碁轉虧為盈。改革計畫，包含發展多元引擎事業，啟動子公司 IPO 計畫。

發展至今，宏碁集團在資本市場掛牌公司已超過 10 家。而佛珠、手鍊、精品包與能量飲料大賣，也讓宏碁從純 PC 品牌，轉型成生活風格品牌。

2018 年利多不斷，陳董也宣誓要拉股價和市值，自己也不斷買進自家公司股票來宣示信心。拉股價並不是要聯合市場主力炒股，而是加強公司基本面和產業競爭力、提高產品毛利率、提高股東權益等等，將自己做大做強。正直公司的股價會在低點檔進行整理，如能長期持有，股價會有機會重返榮耀。

▍飆股

飆股，通常是公司發表了利多消息或市場氛圍特別樂觀，再加上炒作，在短期內股價快速飆升、漲幅巨大的股票。**飆股的短期獲利機會大，適合短線操作的投資人，但要注意避免高點進場而被套牢。**

人多熱鬧的地方不要去？在股市中，應該修正為：「要往錢多的地方去，但要快進快出」。錢多的地方，往往有熱門標的飆股（強勢股）。飆股人人愛，但見高不敢追，心動下手時卻成為套在高點的最後一隻老鼠，這是很多人的飆股悲歌。

飆股操作,以波段為主。作法:

1)先看「大盤指數」,再看「類股指數」。類股指數漲(跌)幅度大於大盤指數時,就是強(弱)勢類股。(可參看:PChome 股市 ⇨ 大盤 ⇨ 集中市場或 PChome 股市 ⇨ 大盤 ⇨ 櫃買市場的資料)

2)再從類股中,挑出最強(弱)的個股。

3)挑出標的後,再去看財報表現。

4)最後決定做多(空)。這樣的操作邏輯,簡單也安全。基本上,高 P/E 股(本益比變成「本夢比」)和景氣循環股,就是飆股的溫床。

> **延伸閱讀**
>
> 1. TWSE 投資人知識網 ⇨ 投資風險 ⇨ 交易風險提示 ⇨ 商品風險、變更交易、公布處置有價證券、公布注意有價證券、投資理財節目異常推介個股和特殊異常有價證券
> 2. 臺灣證券交易所 ⇨ 市場公告 ⇨ 公布處置有價證券、公布注意有價證券、投資理財節目異常推介個股和特殊異常有價證券
> 3. 2023/09/18 財團法人證券投資人及期貨交易人保護中心 ⇨ 宣導 ⇨ 媒體宣導文章 ⇨ 股票圈存交易是什麼？謹慎投資最重要
> 4. 2023/07/13 STOCKFEEL ⇨ 處置股票是什麼？處置股、注意股、警示股差在哪？處置股多久出關？
> 5. 2024/01/08 經濟日報 ⇨ VIP 限時開放》宏碁越慘越買 挑戰「蘭奇障礙」陳俊聖成了最大贏家？
> 6. 2023/07/18 工商時報 ⇨ 宏碁股價創近 11 年來新高陳俊聖接掌市值 10 年翻倍漲
> 7. 2020/08/25 遠見高峰會 ⇨ 賣佛珠也賣能量飲料！「PC 大咖」宏碁究竟在想什麼？

4-6
定期檢視 10 大投資話題

2024 年美國、日本、台灣等等世界民主國家的股市，不是持續創新高，就是在持續創新高的路上，良性循環。投資人應該很有感，尤其是投資以美國 AI 為主的強勢族群和供應鏈，投資報酬率更是夢裡都會笑呵呵。

和朋友聊天或是受訪，常會聊到股票投資。本文就來討論一些常見的投資話題，也希望大家可以避開一些陷阱。

10 大投資話題

1. 財報見端倪

上市櫃公司投資一定是有計畫性的，不會忽然說缺產能就可以立刻擴廠。財務計畫是前一年度擬定的，雖然可以彈性運用，但有一定的局限性。更何況大筆的投資金額，不論增資或貸款，然後要所有廠商和供應鏈配合，茲事體大，都不是一蹴可幾的。

所以當我們看到產能不夠時且市場需求強勁時，廠商會

開始囤貨並哄抬價格，因供不應求，所以售價會上揚，股價開始飆升。財報「綜合損益表」顯現三率（毛利率／營業利益率／稅後淨利率）三升，是正常的。財報「現金流量表」的「營業活動現金」增加（正數），也是正常的。但是如果沒有「投資活動現金」大幅增加（負數），可能表示沒有擴廠投資計畫。

投資人應將這個訊號視為短期股價炒作現象，不宜過度追高。

2. 價值投資和價值陷阱

投資人常用低 P/E（本益比）和低 P/B（股價淨值比）等方式來評估股票。但公司會持續低 P/E 和低 P/B，背後一定有原因，必須先搞懂原因是什麼。

造成價值陷阱（Value trap）的因素很多，例如企業價值改變（夕陽產業）、突然的法律規範（大幅增加企業營運成本）、投資大戶棄守（交易量不足流動性太低）等等因素。

價值陷阱就是以為自己買到便宜的股票，但實際上是錯估了股票的內在價值。股票的價格持續下跌，一直沒有回歸到你認為它該有的價值。表示自己就是錯，市場永遠是對的，要認賠。

大家都希望自己是價值投資人，但我們通常是賭徒，因為連基本的財報分析和產業資訊都搞不清楚。領頭羊的投資網紅說好，我們韭菜們就衝了。

價值投資，在於分析後買進並長期持有。**如果沒有分析的本事就買市值型 ETF，長期隨著該國經濟成長就好，可以享**

受幾乎是大盤的漲幅。ETF 當然是費用越低越好，像 VOO、SPY、0050、006208 等等。長期而言，價值投資者可以發大財，且打敗 80% 以上的明星基金經理人的投資績效。

3. 分析師的吶喊

常見的反指標分析師，要避開。他們常常亂說話，少數不肖人士，更可能會和市場主力掛勾。如果要做多，就高估公司財報表現，然後出報告放消息就開始哄抬股價；反之亦然。許多產業報告和投資報告是「英文好的」公司內部外行人、菜鳥或是實習生（工讀生）寫的，毫無參考價值。

等到公司正式財報揭露後，不夠專業的分析師會自己找台階下。財報不如預期，股票重挫。財報超乎預期，股票狂飆。沒有漲跌幅限制的美股，特別容易看到這種現象。

分析師的報告，對我們而言，「目標價不是那麼重要，評等才重要」。「買進、賣出、持有、優於大盤、劣於大盤」等等術語，才是影響股價的重大因素。

4. 公司高層（創辦人或大股東）的態度

AI 股最近很夯，NVDA 高層大賣股，股價要創新高的可能性就會降低，至少要往後延遲一段時間。之前的 TSLA/AMZN/ 國巨等等，大股東大賣股後，也有同樣的現象。

台積電和宏碁等公司的董事長、總裁、高階經理人，之前還持續買進，甚至還質押股票借錢買自家的股票，對公司前景持續看好。法說會常出現大利多，公司股價自然會持續上漲。

在台灣的法說會，家家會開，但真的能靠法說會來當買賣股票依據的誠信公司，真的屈指可數。多數的法說會，直接變成法會，下場很慘。

5. 趨勢和口號

當趨勢來臨時，「豬站在風口上，都能飛上天」。但如果只是口號，「風口上的飛天豬，直接摔死在地上」。AI 就是趨勢，生成式 AI 就是殺手級應用產品，應用面擴及各行各業，影響深遠。相對應的投資會持續下去，來滿足市場需求。之前的元宇宙，以 META 為首的夢幻計畫，幻滅後的投資部位認賠殺出，也似乎被人遺忘了。

當市場上傳出「AI 變成 BI、航海王變水鬼」等等類似的口號時，就要小心了。還有不懂的人，侃侃而談股票或債券等等熱門商品時，也要小心了。「擦鞋童理論」很快就會實現，讓韭菜們措手不及。

6. 許多新股（含 ETF）在 IPO 當天或隔幾天就會跌破承銷價

新股上市前 5 個交易日沒有漲跌幅限制，當跌破承銷價時，券商要負責護盤拉抬股價，例如華亞科（3474，已下市）等等。興櫃也沒有漲跌幅限制，例如星宇航空（2646）和明遠精密（7704）等等，登錄後的股價表現很糟糕，而 LINE PAY（7722）則是大幅波動，套牢者眾。新基金或 ETF 公開募集時，如果客戶不夠捧場時，為了該檔基金或 ETF 可以順利上市，理專們被逼大量認購，所以滿手基金或 ETF。

故事都一樣,新品上市一段不算短的時間內,多數表現都不好,因為大股東或認購員工的資金被套太久了,掛牌上市後就先賣出變現。所以都會有強大的賣壓,大家不需要急於搶進,稍安勿躁,觀察一段時間後再擇時逢低進。

世界真的不一樣了,以前全球每隔 10 年來一次大震盪而進入空頭市場,空頭會持續一段長的時間再返回多頭。但現在頻率縮短為 2~3 年就會來一次空頭,且返回多頭的時間縮短許多。每次都是財富重分配的好時機,短線的人根本不用急。而股市長線還是趨勢向上,你也可以不必做任何動作,抱住標的隨波逐流就好,有錢就繼續投入,前提是抱對股票例如台積電或市值型 ETF。

7. 黑猩猩選股法

從 2018 至 2022 年(包含 2020 年 COVID-19)的上市股票財報中,「連續 5 年 EPS 都大於 3 元,並套用 2023 年 Q3 的 0050 成分股」,只用這 2 個指標,結果竟然找到 22 檔股票(44%),我稱為進階版的黑猩猩選股法 2.0。

入選的股票名單如下:統一、台塑(1301)、亞德客-KY(1590)、台達電(2308)、鴻海(2317)、國巨(2327)、台積電(2330)、華碩(2357)、瑞昱(2379)、廣達(2382)、中華電(2412)、聯發科(2454)、大立光(3008)、聯詠(3034)、台灣大(3045)、富邦金(2881)、統一超(2912)、日月光投控(3711)、和碩(4938)、中租-KY(5871)、上海商銀(5876)、豐泰(9910)。

「有些公司順風向上、有些公司逆風向下」,也有越來

越多的公司市值成長到超過兆元,成為名符其實的護國神山。這些名單和危機入市時國安基金護盤的對象,幾乎快一模一樣了。選一些好股票,放進投資組合中(自組 ETF),可以持續買進和長期持有。

8. 避開地雷股

會計師 5 種意見:「否定意見」、「無法表示意見」、「保留意見」、「修正式無保留意見」,和「無保留意見」。**如果會計師在財報上簽上「否定意見」和「無法表示意見」時,股票認賠都要賣,先賣先贏避免下市變壁紙**。**如果簽上「保留意見」,也要提高警覺**。

如果公司財報無法在規定時間內上傳主管機關,表示公司可能出問題了。財報空窗期是指,第 3 季財報 11 月 14 日後到隔年年報 3 月 31 日前的時間相隔太久。有問題的公司正在做最後的掙扎,許多飆股也在這時出現,都要小心。

每年第四季,通常是台灣電子業出貨旺季,因為歐美要過聖誕節和新年,還可能會順延到農曆年。當旺季不旺時,也要小心隔年的景氣和公司競爭力。

會計師雖然專業,但因資訊不對稱,仍有可能被公司派騙。所以我們要選的是,有誠信的公司經營者和專業有聲望的會計師,來為財報雙重把關。

9. 退出中國

中國從 2020 年 COVID-19 後,經濟開始走下坡,內政和景氣都有隱憂。全世界民主國家開始抵制中國,大量的資金

認賠退出中國市場。先進半導體晶片和設備材料，也受管制禁止進口到中國。全世界那麼大，到處都有機會，所以要賺中國的錢，要先仔細評量風險。

10. 台股已經漲超過 24,000 點了，還可以存股嗎？

這個問題，從我 15 年前退休後，因為有機會寫書、寫文章、受訪和演講，而一直被問到的問題，從台股 9,000 點問到 24,000 點，我都不太想回答了。簡言之：「YES，可以存股的。」就算指數 30,000 點，只要找對標的，還是可以存股的，不用擔心。現在台積電已成為世界強國兵家必爭之地，也會帶動台灣相關的生態系廠商，一起到全世界攻城掠地。MBA 也常提醒：「只要選對人，就能做對事。」我個人是很樂觀的，台積電在 2030 年前，股價會站上 1500 元。那時候的台股，可能站上 30,000 點。但老話一句，2~3 年就會有一次風暴，拉回就是買點。

股市賺錢用來改善生活品質

在投資市場內，只要有能力賺到錢，各門各派的功夫「投機或投機」都可以學。但最後還是要融會貫通後，找到適合自己的方法，才能在投資這條路上長長久久。我們都希望像巴菲特一樣每天很開心，持續賺大錢到忘記年紀，也忘了退休。

投資一定會冒風險，我們不是來做功德，而是來賺錢的。先評估風險，再準備好知識、閒錢和時間。邊做邊學，才能

讓我們在數十年的投資生涯裡，資產不斷增加，進而改善生活品質。

終章

**沒有絕對的投資方式，
只有適合自己的投資方法**

每次寫書，就是檢視自己最好的機會。書不能亂寫亂抄，否則幾年後再回首，就會覺得很丟臉。書本內容，除非「法律修改」改變，才需要修正，要不然應該要禁得起時間的考驗。

很開心，第 7 本書出版了。這本書將一些自己還沒使用過的功能，例如借券、公開收購、競價拍賣和詢價圈購，先寫進來方便查閱，讓未來自己可以按表操課。

有趣的議題

從公司設立之後就會有股權的產生，IPO 之後，投資人可以輕易的從市場上買賣股票。除了印股票換鈔票之外，公司籌錢的方式，可以向銀行或債權人借錢。所以除了發行股票之外，還可以發行公司債或可轉換公司債。

以股票（或債券）為基礎來延伸，投信公司經理人募集資金，去買某些特定的股票（或債券），成為一籃子基金，就是股票型（或債券型）基金，投信也可以發行 ETF。基金和 ETF 最大不同的地方：「基金一定是向投信或銀行買／賣；而 ETF 可以向投信買／賣，也可以在公開市場直接交易」。基金交易不能融資融券，但 ETF 可以，而且被動市值型的 ETF，交易的成本遠低於基金。

若股票可延伸到股票指數，再進一步延伸到衍生性金融商品，會有個股權證，個股選擇權，個股期貨，指數期貨等。權證由券商發行，品質通常非常糟糕，坑殺投資人不手軟。個股選擇權、個股期貨和指數期貨等，由期交所發行，這些

商品的風險特別高,因為槓桿程度非常高。

所有商品在購買前,都要仔細了解遊戲規則,才不會終身遺憾。這裡提到的商品,都很有趣,有的複雜難懂。如果寫下去絕對可以寫出好幾本專書,每個商品都有自己個性,交易成本(費用和稅負),也都大不相同。

不要高估自己的能耐

人類雖然是萬獸之王,但是跑錯棚,可能就會變成食物,而不是主宰者。要知道自己的能耐,別人行不代表我們也行,別人成功也不代表我們會成功。如果沒有知識和裝備:去北極會變成北極熊的食物;去爬聖母峰會凍死在山上;去海裡潛水會變成大魚的食物,去非洲叢林則變成獅子的食物。

我曾經在美國西岸,哥倫比亞河的某分支小河,當時太陽很大,有一些人在游泳,有一些人在划船,我看了那個畫面覺得人們很優閒,就像電影上面看到的一樣。我就下去游泳,不到十分鐘,覺得不太對勁,身體漸漸失溫且變重,就趕快上岸休息。因為水溫非常低,我沒熱身還穿牛仔褲就下水。上岸之後一直發抖,抖了10幾分鐘才恢復正常。我一個前同事曾經在美國的某個溪流游泳然後就溺斃了,可能是不諳水性和失溫吧,還上了當地報紙。

也不要以為爬山是很輕鬆愜意的事情,我也曾經獨自一人迷路在山裡面差一點就出不來,而且摔得骨折和內出血,持續治療和復健超過2年。我運氣好走出來了,但不是每個人都有這種好運氣,千萬不要惡搞自己。

所以千萬不要高估自己、忽略危險。要游泳，就在全年無休的溫水游泳池游泳，有救生員，舒服又可以達到健身的效果，不要去不熟悉水性的地方游泳以免溺斃。

投資市場也是一樣，這是個人吃人的世界。如果太高估自己，沒有準備好，就貿然進場，一定會鎩羽而歸的。自己垮了就算了，有時候甚至還拖累家人，那就更太悲慘了。

如果你是長線投資人就不要做短線；反之亦然，你是短線投資人也不要做長線。沒事不要亂開槓桿、借錢當沖，做自己不熟悉的事都很危險。尤其是衍生性金融商品，更是有可能讓你滅頂，或陷全家人於萬劫不復之地。

麥可‧波特在1979年提出的五力分析，分析企業時頭頭是道，但當自己開公司的時候，最後就破產了。自稱投資大師，也是心靈雞湯《富爸爸窮爸爸》的作者羅伯特‧清崎（Robert Toru Kiyosaki），自己開公司也是破產了。諾貝爾獎得主麥倫‧休斯（Myron Scholes）和羅伯特‧默頓（Robert Merton），加入LTCM後因為套利失敗導致公司破產，還差點引起金融海嘯。不要百分之百聽信專家或大師的投資建議，不懂的就不要碰，要活在自己的舒適圈。

投資相對論

投資大師們在40~60年前，大眾還搞不清楚況狀時，就利用自己研發出來的新觀念（避險）、新產品（衍生性金融商品）和新做法（程式高頻交易），大賺其錢。本書不討論衍生性金融商品和程式高頻交易，雖然這些都已經融入我們

的日常當中。而避險這種觀念，現在一點也不新鮮了。

　　以前我上班公司的總座，常說只要我們不斷的進步，敵手三星若有一天犯錯跌倒，我們就可以追過三星，這就是相對論。這也符合愛因斯坦的名言之一：「把你的手放在滾熱的爐子上一分鐘，感覺起來像一小時；坐在一個漂亮姑娘旁邊一小時，感覺像一分鐘，這就是相對論」。什麼都沒變，自己也沒進步，就只是感覺對手變差了。結果20多年過去了，三星本業 DRAM 越來越強大，只是最近幾年因闖入代工業務而被台積電幹掉了。而前總座上班的公司，早已賣掉下市，他帶一批人去中國為紫光賣命。

　　所以我們投資賺錢或賠錢，績效只要「相對贏」多數的人就好，我們的財富排名就會往前進。反之，不管投資賺錢或賠錢，若投資績效「相對輸」多數的人，財富排名就會倒退嚕。

　　愛因斯坦的物理學理論「相對論」（包含「狹義相對論」和「廣義相對論」），解釋了空間、時間與物質間的關係。我喜歡相對論，雖然學過量子化學且研究所入學考試得高分，但並沒有真正學會，只略知皮毛。相對論的核心思想和主要應用在物理領域，其「相對性」、「時間空間的彎曲」和「非線性動態」等概念，也可以運用到投資領域。

　　相對論的基本原則之一是「相對性」，即觀察者所看到的結果取決於他們的參考系。資產價值也具相對性，一家公司股價，可能被高估或低估。不同的投資人在不同的背景下，會對相同的數據有不同的解讀，導致不同的決策和結果。例

如，短期交易人，可能認為有套利機會；而長期投資人，可能會將其視為雜訊。

在相對論中，時間和空間不是固定的，而是會隨著物體的速度或質量發生彎曲。投資的「時間長短」不同，也會影響決策和結果。在市場劇烈變化的時候，投資人可能會感受到「時間加速」，市場的情況瞬息萬變，決策壓力增大。短期內，市場價格可能受情緒、新聞或事件的影響；長期而言，價格會反應公司的內在價值。

廣義相對論討論物質和能量如何扭曲時空，使空間和時間互動變複雜。市場經常呈現出非線性行為，小事件可能會引發大波動，稱為「蝴蝶效應」。一家大型國際公司的破產，可能會引發整個市場的劇烈波動，這樣的連鎖反應呈現市場的複雜性。

系統風險通常是難以預測，如2008年的全球金融危機和2020年的COVID-19以及2025年川普的「關稅戰爭」，這類事件也會導致突然的崩盤。這與廣義相對論中的「重力井」相似，市場在某些情況下也會陷入「風險井」，難以脫身。

相對論顯示，不同的觀察者，根據自己的位置和速度，會看到不同的結果，這與投資市場中的「消息不對稱」和「市場認知」高度相關。少數人擁有內部信息或是對某些產業有更深的了解，而多數人只能依賴公開數據或外部分析。根據「有效市場假說」，股價應該反應所有消息，但在現實中對於資產價格的認知和預期存在差異，會導致價格波動。

風險本質上是相對的，這與相對論中的觀察者效應類似，

風險的評估取決於個人處於什麼「參考系」中。不同投資人對風險的承受能力不同，保守型投資人可能會認為投資某個資產風險太高，而投機者則認為該資產具有高報酬率。就像相對論中物體速度變化會影響時間一樣，市場中的風險也會隨著政策變化和景氣週期等因素動態改變。因此，需要根據當前市場環境，不斷重新評估自己的風險承受能力。

實用的財經網站

　　書中提到的人物、書籍、資料或專有名詞，好好學習都可以增加功力。我的書架上的相關書籍和上課資料也非常多，雖然很多參考資料對我是常識，但我還是將它們列出來，方便你進一步查閱。

　　如果你看到的資料都一樣，也沒有出處，可能就是法條、新聞稿或政府出版品，是合理使用的範圍；如果非合理使用範圍，是抄襲而來，就不應該了。如果對這些人事物，還是一知半解或無知，也不想花時間去學習，是很可惜的。

　　關於著作之合理使用，著作權法第 50 條及第 52 條分別規定不同情形。第 50 條規定：「以中央或地方機關或公法人之名義公開發表之著作，在合理範圍內，得重製、公開播送或公開傳輸。」第 52 條規定：「為報導、評論、教學、研究或其他正當目的之必要，在合理範圍內，得引用已公開發表之著作。」投資大師與投資網紅的差別之一，就是會不會寫出參考資料。投資大師的著作，參考資料至少上百筆甚至上千篇，即使引用別人一小段話，也會列入。

以下是實用的股市相關網站,可以即時更新最新股市情況。

1. 臺灣證券交易所 https://www.twse.com.tw
2. 公開資訊觀測站:https://mops.twse.com.tw
3. 臺灣期貨交易所:https://www.taifex.com.tw
4. 證券櫃檯買賣中心:https://www.tpex.org.tw
5. 臺灣集保結算所:https://www.tdcc.com.tw
6. 財經 M 平方:https://www.macromicro.me
7. Mr.Market 市場先生:https://rich01.com
8. 綠角財經筆記:https://www.facebook.com/GreenHornFans
9. 股感:https://www.stockfeel.com.tw
10. 財團法人證券投資人及期貨交易人保護中心:https://www.sfipc.org.tw
11. TWSE 投資人知識網:https://investoredu.twse.com.tw
12. 國發會景氣指標查詢系統:https://index.ndc.gov.tw
13. yahoo! 股市:https://tw.stock.yahoo.com

結語

投資大師和投資網紅

結語

投資大師和投資網紅

投資大師和投資網紅之間的差異,可以從多個面向來分析,包括經驗、專業、聲譽和動機等等。這些差異讓投資者在選擇跟誰學習時,需要謹慎評估,確保自己的決策不被倖存者偏差和過度行銷所影響。

投資大師

擁有數十年的投資經驗,經歷過多次景氣循環,包括市場波動和經濟危機等等,管理過大筆資金。

成功是長期實踐和專業知識的結果,有實際成績來證明其能力,被列入投資名人堂供人景仰。聲譽建立在長期穩健的投資紀錄和公開的績效之上。

失敗的投資者通常被市場遺忘,而大師因生存下來並成功而被高度推崇。這使得他們看起來更像是「天才」,而非僅僅是幸運者或倖存者偏差。

他們的建議會直接影響到他們的名譽和客戶資產。大師

傾向於強調風險控制和長期策略。專注資產增值和長期穩健收益，並分享經驗和回饋社會。只說投資心法和經驗，不會涉及個股。博覽群書，會引用學術研究並註明出處，和同業切磋讓行業更好。在投資圈的地位非常崇高，是專業投資人士的老師。

投資網紅

投資經驗和專業能力不夠。可能只有幾年或更短的時間，投資知識可能是自學或透過網路上的課程獲得的，有時學錯了或學偏了而不自知。

透過社交媒體和自我行銷，可能是 Youtuber 或 Podcaster，並不一定反映其真正的投資能力。強調短期成功案例，隱藏失敗經驗，或過度誇大投資回報。

社交媒體只有吸引眼球的網紅才會被看到，而那些虧損或失敗的則很快被淘汰。網紅更容易以片面的成功故事吸引追隨者，倖存者偏差更明顯。

動機可能包括出名、賺取廣告收入、業配、代言產品或販賣投資課程。優先推薦有利於自己收入的內容，而非提供真正有效的投資建議。而將這些所有收入甚至家人的收入，全部灌入自己的投資績效。

推廣高風險（但結局不一定是高回報）的投資策略，因為這樣的內容更容易吸引流量。建議內容經不起考驗，他賺錢但將風險留給你。

自吹自擂，江湖稱謂都很嚇人。一切都是為你好，每個

人都年紀輕輕或不用工作，自己財富自由之後，要來幫助你。開課都以技術分析為主，我認為大多數都是沒什麼用的東西。如果要談論個股，要有證券分析師證照才行，但網紅幾乎都沒有這張證照，違法犯紀被處罰或被判刑也無所謂。

文章書籍到處抄，不會引用出處。寫出來，都變自己的，錯誤也不自知。

有自己養粉絲，容易成為通俗媒體報導的焦點，讓一般人以為他們很厲害。

悲慘的 Seafood，也算是投資網紅的一群

如果 RSI 分析系統是穩定可靠的，那它的發明人威爾斯・威爾德（Welles J. Wilder）應該是富翁了吧？可惜沒有，他的名字淹沒在了人海，只能靠講課出書賺錢。30 年後，這個發明最多技術指標的鼻祖，出了本書，叫《亞當理論》，明確承認了之前的發明不足以令人穩定盈利，甚至會虧損累累！

美國 1980 年代出現一位波浪大師，最後淪為笑柄。波浪理論最困難的地方，就是要如何判斷出各個波浪的波段。波浪大師艾略特（Ralph Nelson Elliott）的下場淒慘，大師也沒靠這個技術賺到錢，最後還死在瘋人院。

美國的傑西・李佛摩（Jesse Lauriston Livermore），是華爾街最強投機客。在大崩盤時放空，賺取巨額利潤。他一生大起大落，破產四次，最後在飯店裡舉槍自盡。

日本的是川銀藏（日本股神），在 1982 年大賺 200 億日圓，成為日本當年繳稅最多的人，身故後卻只留下數十億日

圓的債務。

德國股神科斯托蘭尼（André Bartholomew Kostolany），是歐洲的華爾街之狼。一生筆耕寫書不輟，並樂於開課分享投資哲學。雖破產過 2 次，但運氣好還能夠安享晚年。

台灣有許多「有證照但無專業的證券分析師」。至於準不準，可以追蹤這些人的言論，時間只要一年，甚至行情大波動時只要一個月，就夠了。而經常發言的人，通常都是錯得離譜。

台灣還有滿街跑「無照也不專業的投資網紅」。他們以技術分析為主，且常自創錯誤訊息來誤導大眾，或看報紙亂編故事，和「有證照但無專業的證券分析師」一樣。但如果你去上課了，發現內容都沒有用，還是投資失利，雖然已經浪費掉時間。但還是可以提告這些無照的投資網紅，至少將自己的學費拿回來，降低一些損失。

Seafood 常以自己破產次數為榮，真是不可思議。要知道，一般人如果破產了，真的很難東山再起。而 Seafood 破產後，總是可以浴火重生，閃亮登場重返榮耀，然後以寫書和賣課程維生。連發明技術指標的人，晚年都很悽慘了，我們還能期望技術分析嗎？這些人或許都曾經發達過，但是結局都不好，通常就是開槓桿、看錯行情硬拗的下場。

現在網路很發達，Seafood 幹過什麼事，下場如何，都可以被追蹤且無法抹滅。有時候，看不下去的同業或專業人士，就出書或寫文章，來嘲諷他們，踢爆這些假面人。

我欽佩的投資大師

1930 年出生的美國股神巴菲特，是奧馬哈的先知，是投資家、企業家及慈善家，被譽為世界上最成功的投資者。巴菲特是波克夏海瑟威公司的最大股東、董事長及執行長，在 1993 年和 2007 年全球富豪排名第一。巴菲特的成功與持續學習和風險控制密切相關。他的投資理念簡單明瞭，強調買入優質公司並長期持有。憑藉價值投資策略成為全球最富有的人之一。

美國移民的索羅斯（金融巨鱷），是投資家、企業家及慈善家。索羅斯是索羅斯基金會的創辦者，在 1970 年時，他和吉姆羅傑斯共同創立了量子基金。在接下來十年間，量子基金回報率每年大約 142.6%，共回收了 33.65 倍的利益，也創造了索羅斯大部分的財富。

美國的愛德華・索普（Edward Oakley Thorp），是傳奇數學家、算牌法發明者、計量投資之父，也是慈善家。在麻省理工學院期間，認識克勞德・香農（Claude Eldwood Shannon），兩人共同研究以「凱利公式」應用在輪盤賭博上。在 1961 年，兩人製造出一台小型計算機，用來計算機率。愛德華・索普穿戴著這套機器，至拉斯維加斯賭場，進行賭博，以驗證他們的公式是否正確，這可能是史上最早的可穿戴式電腦。自己成立 2 家非常成功的投資公司，他也是波克夏・海瑟威公司（Berkshire Hathaway Inc.）早期 A 股時代的大股東之一。

美國的詹姆士・西門斯（James Harris Simons）是數學家

和前冷戰時代的密碼破解者。詹姆士‧西蒙斯於 1982 年成立「文藝復興科技公司」，是一家避險基金公司，利用數學和統計分析得出的定量模型進行系統交易。1988 年，創立了該公司最賺錢的投資組合「大獎章基金」，成為投資歷史上最佳紀錄之一。在 20 年的時間裡，其投資年報酬率超過 35%。而在 1994 年至 2014 年中期的這段時間裡，其平均年報酬率更是高達 71.8%。大約在 2000 年左右，台灣媒體才開始大幅報導巴菲特，然後也會報導索羅斯，我才慢慢認識這兩位大人物。他們兩位投資大師，是全球股市看多看空的指標性人物。像愛德華‧索普和詹姆士‧西門斯等等大師，台灣媒體幾乎沒報導過，對一般大眾比較陌生。

透過閱讀，我才陸陸續續知道很多投資大師，真是相見恨晚啊！投資股票要賺錢，多看這些人的傳記或著作，絕對有很大的幫助。傳記內提到的投資心法，值得終身學習。

▍股票投資賺錢人人有機會

發明「微積分」的牛頓，發現「相對論」的愛因斯坦，「發明新事物」也是 GE 創辦人的發明大王愛迪生，他們的聰明才智，並沒有讓他們在股海中賺錢，甚至還賠了一屁股。幸好他們都有優渥的本業收入，才避免流落街頭。但我們如果在股市中賠掉大錢，可能就連生活都會出問題，變成家庭或社會的負擔。

「投資」需要「微積分、相對論和發明新事物」嗎？真的需要，所以市場不斷地在進化。上述這些神人級的投資大

師,將我們帶入投資新境界。他們在 40~60 年前,大眾還搞不清楚況狀時,他們就利用自己研發出來的新觀念(避險)、新產品(衍生性金融商品)和新做法(程式高頻交易),大賺其錢。要列入名人堂,「專業、聲望、影響力和億萬身價」,是必要條件。

若不會「微積分、相對論和發明新事物」,有關係嗎?這些玩意兒,目前已經滲透到各種日常投資標的了。身為現代人,顯然要學的投資知識還很多。但針對「投資股票」這件事,不懂這些玩意兒,真的沒關係。大師賺大錢,我們賺小錢。我們從股市賺個幾百萬元或幾千萬元,來改善生活品質也就夠了。

既然天才在股市中都賺不到錢了,我們散戶賺得到錢嗎?答案是:「可以」。我常苦口婆心地勸人:「股票投資要從財報學起,而不是從技術分析學起;要向投資大師學習,而不是投資網紅或 Seafood 學習。」但裝睡的人永遠叫不醒,我也很無奈。用錯方式和找錯學習對象,只是浪費金錢和時間而已,「不賠錢實屬萬幸,想賺錢難如登天」。

股市賺錢,人人有機會,和智商學歷都無關。只要好好掌握 3 個原則:「了解投資風險」、「不要過度使用槓桿」、「利用財報分析選好股」,還是有機會在股海中賺到錢。最後,採用「風險量化的投資術」,就是在股市中可長可久的生存賺錢之道。

結語

> **延伸閱讀**
>
> 1. 2021/11/12 風傳媒 ⇨ 他發明 RSI 指標，最後卻捨棄技術分析！一則童話故事，告訴投資人「當下」的重要性
> 2. 2018/07/25 每日頭條 ⇨ 30 年後，RSI/KDJ 指標的發明人認錯了……
> 3. 2011/10/16 痞客邦 ⇨ 波浪大師的下場 ⇨ 早安財經文化 2014/01/01 出版《賺夠了，就跑》
> 4. 2022/02/05 Mr.Market 市場先生 ⇨ 波浪理論規則是什麼？小心邪惡的波浪理論第五波
> 5. 維基百科 ⇨「傑西・李佛摩」、「是川銀藏」、「科斯托蘭尼」、「巴菲特」、「索羅斯」、「愛德華・索普」、「詹姆士・西門斯」
> 6. 好書推薦：《雪球巴菲特傳》、《索羅斯談索羅斯》、《洞悉市場的人》、《他是賭神，更是股神》、《華爾街的物理學》、《大轉折》等等

269

MR 001
股市大崩壞，照樣穩穩賺
用對策略、選對標的、逢低買進，迎接財富再分配

作者	吳家揚
責任編輯	陳孟姝
責任企劃	藍偉貞
整合行銷	何文君
副總編輯	陳信宏
執行總編輯	張惠菁
總編輯	董成瑜
發行人	裴偉
裝幀設計	FE設計工作室
內頁排版	FE設計工作室
出版	鏡文學股份有限公司
發行	114066臺北市內湖區堤頂大道一段365號7樓
電話	02-6633-3500
傳真	02-6633-3544
讀者服務信箱	MF.Publication@mirrorfiction.com
總經銷	大和書報圖書股份有限公司 248020新北市新莊區五工五路2號
電話	02-8990-2588
傳真	02-2299-7900
印刷	上海印刷廠股份有限公司

出版日期　2025年5月初版一刷
ＩＳＢＮ　978-626-7440-78-0
定　　價　480元

版權所有，翻印必究
如有缺頁破損、裝訂錯誤，請寄回鏡文學更換

國家圖書館出版品預行編目(CIP)資料

股市大崩壞，照樣穩穩賺：用對策略、選對標的、逢低買進，迎接財富再分配/吳家揚作. -- 初版. -- 臺北市: 鏡文學股份有限公司, 2025.05
面；　公分
ISBN 978-626-7440-78-0(平裝)
1.CST: 股票投資 2.CST: 投資分析

563.53　　　　　　　114002777